Quina k

LES COVPS
DE LAMOVR
ET DE LA
FORTVNE
TRAGI-COMEDIE.
DEDIE'E
A SON ALTESSE DE GVISE.

A PARIS,

Chez GVILLAVME DE LVYNE, Libraire Iuré, au Palais,
dans la Salle des Merciers, à la Iustice.

M. DC. LV.

AVEC PRIVILEGE DV ROY.

A

TRES-HAVT

ET

TRES-PVISSANT PRINCE

HENRY DE LORRAINE

DVC DE GVISE PRINCE DE IOINVILLE,
Comte d'Eu, Senechal hereditaire de Champagne,
Pair & grand Chambellan de France, &c.

MONSEIGNEVR,

C'est auec vne iuste confusion, que j'ose vous choi-
fir pour le glorieux Protecteur d'vne Piece de Theatre, qui ne doit estre considerable que pour auoir eu
la gloire de paroistre deuant VOSTRE ALTESSE,
& de n'auoir pas eu le mal-heur de luy déplaire.
Ie ne celeray point que c'est le dernier ordre que i'ya

receu de feu l'Illuſtre Monſieur Triſtan, qui s'eſt occupé toute ſa vie à vous honorer dans ſes Ouura-
ges, & qui juſques à la mort a receu des marques de
voſtre eſtime, & de voſtre liberalité. Il me ſouuien-
dra toûjours de la tendreſſe auec laquelle cét Homme
admirable à qui ie doy tout ce que i'ay de connoiſſance dans les belles Lettres, m'aſſura que vous auriez la bonté de ne me refuſer pas voſtre protection;
& ſans doute il ne s'eſt point trompé, puiſque vous
m'auez déja fait l'honneur de me dire d'vne maniere
toute charmante, que vous prendrez quelque ſoin
de ma fortune. Ie ne me ſeruiray pas icy de la me-
thode ordinaire des Eſcriuains les plus eſtimez, qui
ne manquent iamais de comparer les Perſonnes qu'ils
honorent, aux Grands Hommes qu'ils introduiſent
dans leurs Ecrits; Ie vous abaiſſerois ſans doute, au
lieu de vous éleuer, ſi ie pretendois chercher quelque rapport entre VOSTRE ALTESSE & le Heros de
cette Tragi-Comedie. L'imagination la plus viue &
la plus heureuſe ne peut rien inuenter qui ſoit du
prix de voſtre Merite. Et l'oſeray ſeulement vous dire
en vous offrant les COVPS DE L'AMOVR ET DE LA
FORTVNE, que vous eſtes le Prince du Monde le plus
accomply, & pour qui l'Amour & la Fortune doiuent faire les plus grands Coups. Vous ſortez d'v-
ne Maiſon ſi fameuſe, que l'on ne ſçauroit par-
courir l'Hiſtoire d'aucune Monarchie, ſans y rencontrer celle de quelques-vns de vos illuſtres Ance-

ſtres. Mais l'éclat de voſtre Naiſſance doit encore
ceder aux brillans de voſtre Perſonne. La Nature libe-
rale a pris autant de ſoin pour fauoriſer VOSTRE
ALTESSE, que pour former le Grand Alexandre
Ce Conquerant celebre, n'a jamais eſté ny plus braue
ny plus charmant que vous, & vous ne ſerez pas vn
iour moins renommé, ſi vous n'eſtes pas moins eureux
que luy. Il eſt a croire que le dernier peril que vous
auez braué, ſera le dernier de vos mal-heurs. La Fortune n'eſt pas moins inconſtante dans ſes rigueurs,
qu'elle eſt inégale dans ſes careſſes ; & l'on doit s'aſ-
ſurer qu'elle vous ſera bien-toſt autant fauorable
qu'elle vous fut autres-fois contraire. I'oſe eſperer
qu'alors vous aurez la bonté de ſouffrir que i'ad-
jouſte quelque éclat au bruit que fera la Renommée en faueur de vos grandes actions , & que ie
laiſſe à la Poſterité des marques immortelles du Vœu
que i'ay fait d'eſtre toute ma vie auec vn zele peu
commun , & des reſpects tres-profonds,

MONSEIGNEVR,

DE VOSTRE ALTESSE,

Le tres humble, & tres-
obeïſſant Seruiteur,
QVINAVLT.

A
SON ALTESSE
DE GVISE.
ODE.

E pretens loüer dans mes Vers
Vn PRINCE, à qui les Destinées
Doiuent vn rang dans l'Vniuers
Entre les Testes couronnées.
MVSES, mes diuines Amours,
De qui i'implore le secours
Pour vne Personne si chere,
Quittez le liquide cristal
Qui sort de vostre Mont natal,
Et me conduisez à portraire
D'vn Art qui ne soit point vulgaire,
Vn HEROS qui n'a point d'égal.

ODE

Mais voſtre ſecours n'eſt pas loin,
Ie vous voy, Nymphes immortelles,
Et pour m'aßiſter au beſoin
Vous ne fuſtes iamais ſi belles.
Parlons d'vn Style releué
Du PRINCE le plus acheué
Qui parut jamais ſur la Terre,
Qui des Peuples, & de la Cour,
Eſt l'Eſpoir l'Honneur, & l'Amour,
Qui peut paſſer pour vn Tonnerre,
Et n'eſt pas moins Dieu de la Guerre
Que le Soleil eſt Dieu du jour.

⁂

Ce HEROS braue & glorieux,
Dont les charmes ſont ſans meſure,
Receut mille preſens des Cieux,
Et mille dons de la Nature.
Son Cœur ne ſe peut comparer,
Son Eſprit ſe fait admirer
Des plus Eclairez de la France:
Bien qu'il ait la valeur de Mars,
Des belles Lettres, & des Arts,
Il poſſede la connoiſſance,
Et la grandeur de ſa Naiſſance
Brille juſques dans ſes regards.

A SON ALTESSE DE GVISE.

ODE.

JE pretens loüer dans mes Vers
Vn PRINCE, à qui les Destinées
Doiuent vn rang dans l'Vniuers
Entre les Testes couronnées.
MVSES, mes diuines Amours,
De qui i'implore le secours
Pour vne Personne si chere,
Quittez le liquide cristal
Qui sort de vostre Mont natal,
Et me conduisez à portraire
D'vn Art qui ne soit point vulgaire,
Vn HEROS qui n'a point d'egal.

Mais voſtre ſecours n'eſt pas loin,
Ie vous voy, Nymphes immortelles,
Et pour m'aſſiſter au beſoin
Vous ne fuſtes iamais ſi belles.
Parlons d'vn Style releué
Du PRINCE le plus acheué
Qui parut jamais ſur la Terre,
Qui des Peuples , & de la Cour,
Eſt l'Eſpoir l'Honneur, & l'Amour,
Qui peut paſſer pour vn Tonnerre,
Et n'eſt pas moins Dieu de la Guerre
Que le Soleil eſt Dieu du jour.

Ce HEROS braue & glorieux,
Dont les charmes ſont ſans meſure,
Receut mille preſens des Cieux,
Et mille dons de la Nature.
Son Cœur ne ſe peut comparer,
Son Eſprit ſe fait admirer
Des plus Eclairez de la France:
Bien qu'il ait la valeur de Mars,
Des belles Lettres, & des Arts,
Il poſſede la connoiſſance,
Et la grandeur de ſa Naiſſance
Brille juſques dans ſes regards.

ODE.

Il defcend de mille Guerriers,
Dont la gloire n'eft pas commune;
Son Pere a cueilly des Lauriers
Iufques fur le front de Neptune.
La Renommée à haute voix,
Du bruit de fes fameux exploits
A fouuent frappé nos oreilles;
Mais ce Demy-Dieu fans pareil,
Pour le Combat & le Confeil
Apres fes trauaux & fes veilles,
Effaça toutes fes merueilles
Lors qu'il produifit ce SOLEIL.

La Fortune au Cerueau leger,
Qui fans raifon flatte, ou s'irrite,
En l'affligeant, creut affliger
La Vertu mefme, & le Merite.
Mais il a braué fon courqux
D'vn air qui doit aprendre à tous
Que fa gloire ne peut s'accraiftre.
Cefar fit voir moins de valeur,
D'efprit de force & de chaleur,
Quand de Rome il deuint le Maiftre;
Que ce PRINCE en a fait paraiftre
Dans le plus fort de fon mal-heur.

O D E.

La Seine, à son retour fatal,
Le Corps nud jusqu'à la ceinture ;
Lui fit de ses mains de cristal
Vne Couronne de verdure.
Et comme elle la luy tendit,
Sur ses Riues on entendit
Qu'elle prononça des Oracles :
La Nymphe en éleuant sa voix
Nous asseura qu'en mille endroits
Triomphant des plus grands obstacles,
Il fera dans peu des Miracles,
Qui feront soûpirer des Roys.

Crois en espoir comme en vigueur,
(Dit-elle, à ce PRINCE admirable)
La fermeté de ton grand Cœur
Fait trembler le Sort qui t'accable.
I'ay feüilleté tout ce matin,
Le Liure secret du Destin
Où i'ay trouué tes aduentures ;
Les Astres de tes maux lassez,
Doiuent estre bien-tost forcez
A rouler apres tant d'iniures,
Pour tes prosperitez futures
Plus que pour tes mal-heurs passez.

ÓDE.

Tu dois si hautement porter
La gloire de tes Destinées,
Qu'en ta Vie on pourra conter
Plus de Victoires que d'années.
Ié voy des Aigles couronnez,
Ie voy des Lyons déchaineZ,
Que d'abord ta Valeur étonne :
Et qui d'épouuante surpris,
Par la menace & le mépris,
Que tu leur dois faire en personne ;
De plus d'vne illustre Couronne
Te laissent les riches débris.

❧

La Nymphe en acheuant ces mots
R'entra dedans son Lit tranquille,
Et par ces merueilleux propos
Anima ce nouuel Achille.
Cét Oracle fut écouté,
Par l'inconstante Deité,
Qui promit d'estre fauorable,
Mais, PRINCE, suiuant les clartez,
Et les brillantes qualiteZ
Qui vous rendent Incomparable,
La Fortune n'est pas soluable
Pour les biens que vous meritez.

QVINAVLT.

EXTRAIT DV PRIVILEGE DV ROY.

PAr Grace & Priuilege du Roy, donné à Paris le 28. Septembre 1655. signé LE GROS il est permis à GVILLAVME, DE LVYNE Marchand Libraire en nostre bonne ville de Paris, de faire Imprimer, vendre & distribuer, par tout les lieux de nostre obeïssance vne Piéce de Theatre intitulée. *Les Coups de l'amour & de la Fortune*, de la Composition du sieur QVINAVLT, pendant l'espace de six ans, à commencer du iour que ladite piece sera acheuée d'Imprimer, & deffences sont faites à toutes personnes de quelque qualité & condition qu'elles soient de l'Imprimer, vendre, ny debiter, pendant ledit temps, sur peine de trois mil liures d'amende, & de tous dépens dommages & interests, comme il est plus amplement porté par lesdites lettres de Priuilege.

Acheué d'Imprimer pour la premiere fois le dernier Octobre 1655.

Les Exemplaires ont esté fournis.

LES·PERSONNAGES.

ROGER,   Parent d'Aurore.

GVSMAN,   Escuyer de Roger.

STELLE,   Sœur d'Aurore.

LE COMTE D'VRGEL.

AVRORE,   Comtesse de Barcelonne.

LOTHAIRE,   Comte de Roussillon.

DIANE,   Sœur de Roger.

LAZARILLE,   Escuyer de Lothaire.

ELVIRE,   Suiuante d'Aurore.

CARLOS,   Soldat de l'Armée d'Aurore.

Suitte.

La Scene est à Barcelonne.

LES

LES COVPS
DE L'AMOVR,
ET
DE LA FORTVNE.

ACTE PREMIER.
SCENE PREMIERE.

GVSMAN, ROGER.

GVSMAN.

A H! Seigneur, par quel fort vous treuuay- ie en ces lieux.

ROGER.

Ah! Gufman, quel deftin te prefente à mes yeux.

A

GVSMAN.

J'allois dans la Castille, & ma course estoit vaine ;
Que vous m'épargnez bien des pas & de la peine:
Ie partois pour vous joindre où ie vous ay laissé,
Et mon voyage est fait plustost que commancé.

ROGER.

Depuis que ie t'attens six Lunes sont passées.

GVSMAN.

Si i'ay failly, Seigneur, mes fautes sont forcées,
I'estois dans Barcelonne en estat de partir
Quand par mer, & par terre, on la fit inuestir,
Et dans ce iour marqué, pour vne conference,
I'allois prendre la poste & faire diligence.

ROGER.

Hé bien, en quel estat est Diane ma sœur.

GVSMAN.

Prés la Princesse Aurore elle est dans la faueur.
J'ay pour vous de sa part vne Lettre importante
Qui vous promet des biens qui passent vostre attente.

ROGER lit.

Mon frere, tout l'Eſtat ſe treuue deſolé,
L'injuſtice y fait voir l'innocence affligée ;
Par les troupes de Stelle, Aurore eſt aſſiegée,
Venez, la ſouſtenir dans ſon Troſne ébranlé.
   C'eſt elle à qui le Sceptre appartient iuſtement,
Vous ſortez de ſon ſang, vous la deuez défendre:
Partez, & quelque Employ que vous puiſſiez pretendre
Il ne vous couſtera qu'vn ſouhait ſeulement.
Diane.

GVSMAN.

Voulez-vous occaſion plus belle?

ROGER.

Tu m'apportes ſans doute vne bonne nouuelle,
Ie ſuis comblé de ioye, & beny ton abord.

GVSMAN.

I'apporte vn autre aduis qui vous déplaira fort.

ROGER.

Quoy, quel aduis?

GVSMAN.

Tenez pour maxime asſurée
Que la plus grande ioye à le moins de durée.

ROGER.

Que ſçais-tu ?

GVSMAN.

Que qui ſuit la Fortune & l'Amour
Gagne, perd, rit & pleure, au moins ſix fois par iour.

ROGER.

Dis-moy tout promptement, ta Morale me choque.

GVSMAN.

Sçachez que Leonor de voſtre amour ſe mocque,
Qu'auec-elle Dom-Iuan doit eſtre marié,
Et qu'il vous coupe enfin l'herbe deſſous le pié.

ROGER.

Il faut s'en conſoler.

GVSMAN.

Qui vous a fait ſi ſage.

ROGER.

Depuis six mois entiers ie sçay qu'elle est volage,
I'appris de Dom-Bernard qui vient chercher employ
Son amour pour Dom-Juan, & ses mépris pour moy ;
Et laissant lors agir mon dépit & l'absence
Mon changement de près suiuit son inconstance.

GVSMAN.

Tant-mieux, ie n'auray plus de Poulets à porter,
Perdre beaucoup d'amour c'est beaucoup profiter.

ROGER.

La Fortune, Gusman, ne m'est pas si propice,
En sortant d'vn mal-heur i'entre en vn precipice,
Vne Beauté nouuelle a troublé ma raison ;
Et l'Amour seulement m'a changé de prison.

GVSMAN.

Quoy, depuis mon depart.

ROGER.

                              Dans vn combat tragique
Des troupes de Castille & de celles d'Afrique,
Le Prince d'Aragon s'estant trop aduancé
Se treuuoit sans secours, & se sentoit blessé,

A iij

Lors qu'auec quelques gens dont i'auois la conduite
A ceux qui le preſſoient ie fis prendre la fuite ;
Mais dans ma Tente à peine eſtoit-il arriué,
Que ie le vis mourir apres l'auoir ſauué ;
Et qu'au point d'expirer d'vne voix demy-morte,
Me donnant ce Portrait, il parla de la ſorte.
N'ayez apres ma mort rien à me reprocher,
Receuez de mes mains ce que i'ay de plus cher
De l'Objet que ie ſers, c'eſt la charmante Idole :
A ces maux trois ſoûpirs couperent ſa parole,
Et me firent douter en ce dernier effort
Qui terminoit ſa vie ou l'Amour ou la Mort ;
Ainſi vint dans mes mains cette image fatale,
Et dés que i'obſeruay les charmes qu'elle eſtalle,
Tout les feux dont ce Prince auoit ſenty l'ardeur,
Abandonnant ſon Ame entrerent dans mon Cœur.

GVSMAN.

Voſtre amour, ſi i'oſois dire ce que ie penſe,
Auecque la folie a grande reſſemblance ?
Quoy, des traits qu'vn Pinceau vous a ſceu figurer
Vous cauſent des langueurs, & vous font ſoûpirer ;
Et quelque peu d'émail de couleur & de gomme
Font vn ſi grand deſordre au cœur d'vn ſi grand homme.
Quand on perd la raiſon l'on a vos ſentimens :
Voila ce que vous ſert d'auoir leu des Romans.

ROGER.

Bien qu'à ce beau Portrait i'adresse mon hommage
Ce n'est pas ce que i'ayme, il n'en est que l'image,
I'ayme vn autre Chef-d'œuure, & ie suis enchanté
De l'Objet qu'en ces traits l'Art a representé,
Iuge si sa beauté merite qu'on l'adore.

GVSMAN.

Ie reconnoy les traits de la Princesse Aurore.

ROGER.

Ne dois-ie pas aymer vn Obiect si charmant.

GVSMAN.

Mais vous ne l'auez veu qu'en Portrait seulement,
La Princesse au berceau fut portée en Espagne,
Lors qu'on la rapella nous estions en campagne,
Et depuis quinze mois qu'on la void de retour
L'on ne vous a point veu paroistre en cette Cour.

ROGER.

L'Amour surprend nos cœurs, & sçait plus d'vne voye
Pour y porter ses feux & troubler nostre ioye,
Aurore a tous les droits comme tous les appas,
Des Dieux que l'on adore & que l'on ne void pas,

Je sçay qu'elle est aymable, & mon ame charmée
Ainsi que sa peinture en croit la Renommée,
Cette prompte Couriere auecque soin m'apprit
Les charmes de son Ame & ceux de son Esprit,
Quand les visibles traits dont le Ciel l'a pourueuë
Dans ce Portrait fatal s'offrirent à ma veuë;
Et ce fut lors qu'Amour, ce Maistre si sçauant,
En forma dans mon Cœur vn Portrait tout viuant,
Iuge dans son party combien ie m'interesse,
Elle est ma Souueraine, & de plus ma Maistresse,
Ie suis à la seruir engagé doublement,
Et comme son Sujet, & comme son Amant.

GVSMAN.

Mais comme bon Sujet, & comme Amant fidele
Vous deuiez moins tarder à vous rendre aupres d'elle.

ROGER.

Ie n'ay pas deu partir qu'il ne me fut permis
D'abandonner l'Employ que l'on m'auoit commis.
Enfin i'arriuay hier sans me faire connoistre
Pour seruir au repos des lieux qui m'ont veu naistre,
Et dedans Barcelonne enfin i'allois entrer
Alors que le hazard nous a fait rencontrer.

GVSMAN.

GVSMAN.

Vous arriuiez vn jour qu'on a conclud la treue ;
Et venez iustement quand la Guerre s'acheue ;
Enfin sçachez.

ROGER.

Ie sçay que tu peux bien sçauoir
Qu'en ce lieu les deux Sœurs se doiuent entreuoir ?
Que la Paix ou la Guerre y doit estre concluë :
Mais Stelle vient ; dans peu nous en sçaurons l'issuë.

SCENE II.

STELLE, LE COMTE, ROGER,

GVSMAN.

STELLE.

IE connoy ma Sœur Comte & n'attends point d'accord :
Il faudra que la Guerre explique nostre sort,
Ie ne puis luy ceder le rang de Souueraine,
Et pour viure sujete elle a l'ame trop vaine :

B

Mais auant qu'en venir aux derniers demeßez,
Ie consens à la voir puisque vous le voulez.

LE COMTE.

Ie n'abuseray plus de vostre confiance,
Si la paix n'est concluë en cette Conference;
Nous l'obtiendrons par force, & tous les miens sont prests
De perir auec moy suiuant vos interests.

STELLE.

Vos soins n'obligent pas vne Princesse ingratte.

LE COMTE.

Le seul bien de vous plaire est l'espoir qui me flate,
Vous auoir pû seruir, c'est auoir combatu
Pour la mesme Iustice & la mesme Vertu;
Vostre seule beauté dont j'adore l'Empire,
Peut pretendre à regner sur tout ce qui respire;
Et de tout l'Vniuers auroit le premier rang,
S'il pouuoit s'acheter au prix de tout mon sang.

ROGER.

Formez d'autres souhaits, il n'est point de Couronne
Que ie n'ayme toûjours moins que vostre personne,
Et si nostre party demeuroit le vainqueur,
Vous auriez vne Place au Throsne & dans mon cœur:

Mais Aurore s'aproche & ce bruiĉt m'en asseure,
Voyons si le succez sniura ma conjecture.

ROGER.

Gusman, que i'ay de trouble en voyant tant d'appas.

GVSMAN.

Puis qu'ils vous font du mal ne les regardeȝ pas.

ROGER.

Ce mal me semble doux, i'ayme sa violence?

GVSMAN.

Ah! vous extrauaguez.

ROGER.

Obserue le silence.

SCENE III.

AVRORE, LOTAIRE, STELLE, LE COMTE,
ROGER, GVSMAN.

AVRORE.

MA sœur, pour nostre accord nos communs Deputez,
Déja sans aucun fruict on fait plusieurs Traittez,
Ie sçay quelque pouuoir qu'vne Princesse donne,
Que son meilleur Agent peut moins que sa personne ;
Et i'ay cru qu'il falloit en ces lieux nous trouuer,
Soit pour rompre l'accord ou soit pour l'acheuer.
Ie ne celleray pas d'vne adresse inutile
Que i'ay beaucoup d'horreur pour la guerre Ciuile,
Ie ne puis sans remors voir pour nous des-vnis
Le Frere le Germain, & le Pere & le fils ;
Et le Sceptre en ma main affermy par les Armes
Ne peut couter du sang sans me couter des larmes :
Essayons d'étouffer nostre diuision,
Escoutons la iustice & non l'ambition,
Et fuyans des grandeurs par le sang affermies
Commençons d'estre sœurs cessons d'estre Ennemies.

STELLE.

Ie souhaitte, ma Sœur, ce que vous souhaittez,
Pour moy comme pour vous la Paix a des beautez;
Ce fut auec regret que i'entrepris la guerre
Contre ma propre sœur, & dans ma propre terre,
Et ce sera toûjours auec rauissement
Qu'on me verra signer nostre accommodement;
Cét Estat m'appartient par droit hereditaire,
Vous sçauez les Amours du Comte nostre Pere:
Nostre mere commune ayant sceu l'embrasser,
Ils s'aymerent long-temps auant que s'épouser;
Et chacune de nous sçait bien qu'elle fut née,
Vous pendant leurs Amours, moy depuis l'Hymenée,
Ainsi, grace au destin des choses d'icy bas,
Ie me vois legitime & vous ne l'estes pas;
Et vous sçauez qu'enfin nos Loix & nos maximes
Donnent tout l'heritage aux enfans legitimes;
Cependant comme sœur, ie sçay ce que ie doy
De la seule amitié ie veux suiure la Loy,
Et bien que tout l'Estat doiue estre mon partage,
Ie vous offre la paix auec vn appanage.

AVRORE.

Cette offre est trop iniuste, & ie puis me vanter
Que i'ay droit de la faire & non de l'accepter,

Le trône du feu Comte appartient à l'Aisnée
De voftre Mere propre auant vous ie fus née ;
Et l'Hymen fuccedant à leurs feux clandeftins
Autorifa nos droits & iugea nos deftins :
Vous condamnez à tort l'Augufte Marguerite
De qui toute l'Europe admira le merite,
Et luy deuant le iour auez vous bien l'orgueil
I'eftois encore à naiftre alors que noftre Mere,
Auant que ie nâquis noftre commune mere,
Receut fecrettement la Foy de noftre Pere ;
Et puifque fur la Foy l'Hymen fe doit fonder,
Ie nâquis legitime & dois luy fucceder.
Vous fçauez que ce Prince auoit encore à peine
Receu le dernier coup de la Parque inhumaine,
Que les Grands du païs de fa perte troublez,
Furent incontinent au Palais affemblez.
Là chacun de nos droits eut connoiffance entiere,
Chacun du Prince mort me nomma l'heritiere,
Condemna voftre brigue & vous deuft enfeigner
Que ie fuis voftre Aifnée, & que ie dois regner :
Mais bien que vous fçachiez que mal-gré l'artifice
I'ay toute l'équité, vous toute l'iniuftice,
Que par mes mains le Sceptre a droit d'eftre occupé,
Que s'il eftoit à vous il feroit vfurpé ;
Et qu'enfin ie ne puis vous fouffrir qu'auec honte,
Sur vn Trône où nos loix ordonnent que ie monte,

Quelque iuſte que ſoit ce point d'honneur fatal,
Ie l'immole au repos de mon pays natal,
Ie veux par ma tendreſſe étouffer voſtre hayne,
Et vous traitter en Sœur, & non en Souueraine.
Mon amitié s'accorde à ne plus conteſter
Ce que mon droit d'ayneſſe a lieu de vous oſter,
Enfin ſuiuant les loix que le ſang nous inſpire
Vniſſons nos Eſprits, & partageons l'Empire.

ROGER,

Guſman, peut-on former de plus iuſtes ſouhaits.

GVSMAN.

Pouuiez-vous mieux venir pour voir faire la paix.

STELLE.

I'admire voſtre adreſſe & bien plus voſtre audace,
Vous parlez d'vn partage ainſi que d'vne grace;
Il ſemble que ce ſoit ſeulement par pitié
Que de mon propre Eſtat vous m'offrez la moitié.
Ie ſuis de ce pays legitime Princeſſe,
Il m'eſt indifferent que voſtre hayne ceſſe,
Voſtre amitié m'outrage, & ie ny pretens rien,
Puis qu'elle doit couſter la moitié de mon bien,
Ie pretens diſpoſer de tout mon heritage
On briſe vne Couronne alors qu'on la partage,

Le Trône en me portant a le poids qu'il luy faut,
Et s'il vous souſtenoit il tomberoit bien-toſt,
Ainſi que mon bon droit voſtre iniuſtice éclate
Dans cét iniuſte Arreſt dont voſtre orgüeil ſe flate,
Voſtre puiſſante brigue & vos riches preſens
Des Iuges aſſemblés firent vos partiſans;
Et i'aurois obtenu les meſmes auantages,
Si i'auois lâchement mandié leurs ſufrages.

AVRORE.

Vous accuſez à tort des Iuges innocens,
Mes legitimes droits furent mes Partiſans;
Et ſi leur iugement vous a peu ſatisfaite,
Accuſez en le Ciel qui vous fit ma Cadete.

STELLE.

Le Peuple à qui le Ciel a concedé les droicts
D'interpreter les Dieux & de créer les Roys,
Par ſes émotions a bien deu vous apprendre
Qu'il reuoque l'Arreſt que vous auez fait rendre.
Que voſtre ſoin ne ſert qu'à vous faire hayr,
Et que ce n'eſt qu'à moy que l'on doit obeyr.

AVRORE.

Sçachez que ſi le peuple à mon regne s'oppoſe,
Ses mouuemens font voir l'equité de ma cauſe ;

C'eſt

C'eſt vn monſtre priué de tout deſcernement,
Qui cherché le deſordre auec aueuglement,
Et qui s'eſmeut touſiours, tant ſon audace eſt grande,
Contre les Souuerains dont il faut qu'il dépende:
Mais enfin ſon courroux ne doit pas m'alarmer,
Auec vn ſeul regard ie puis le deſarmer.

STELLE.

Dans voſtre iniuſte orgueil ſoyez moins obſtinée:
La Couronne iamais ne vous fut deſtinée:
Mon Pere ainſi qu'vn fruit d'vne honteuſe amour
Dés vos plus tendres ans vous bannit de la Cour,
Et comme ſon opprobre & non comme ſa fille
Vous fit ſecrettement enleuer en Caſtille.
Vous le ſcauez, ma ſœur, & m'oſez diſputer
Ce pays dont la loy vous doit des-heriter,
Et qui par vn inſtinc que le Ciel luy ſuggere,
Ne vous peut regarder que comme vne Eſtrangere.

AVRORE

Ce pays m'a veu naiſtre & me doit regarder
Comme celle aujourd'huy qui luy doit commander:
Qui ſçaura que ie fus en Caſtille eſleuée,
Sçaura que pour le Trône on m'auoit reſeruée,
C'eſt là que l'on peut voir ſur vn Trône brillant
Ce que la Politique à de plus excellent,

C

C'eſt là qu'auec la plume on force des murailles,
Que dans vn cabinet on gaigne des Batailles,
Et c'eſt là qu'on eut ſoin de me faire enſeigner
Des ſecrets pour vous vaincre & l'art de bien regner.

STELLE.

Chez cette nation qui ſe croit indomptable,
Vous n'auez rien acquis qu'vn faſte inſupportable,
Si vous pouuiez regner en ces lieux iuſtement,
Mon pere l'euſt marqué dedans ſon Teſtament.

AVRORE.

S'il eut jugé qu'vn iour vous m'euſſiez trauerſée,
Il euſt mieux expliqué ſa dernière penſée ;
Mon droit ſur la Couronne eſt ſi iuſte & ſi clair
Qu'il n'a pas crû deuoir ſeulement en parler,
Et l'Arreſt ſuruenu vous doit faire connoiſtre
Que c'eſt pour m'obeyr que le Ciel vous fit naiſtre.

STELLE.

De cet Arreſt le ſort me pourra conſoler,
Ma main à mon eſpée en pretend appeller,
Nous ſçaurons qui de nous doit regir cette terre,
Et nos Iuges ſeront la Fortune & la Guerre.

ET DE LA FORTVNE. 19

AVRORE.

Par ces Iuges souuent contre toute equité,
Le party le plus iuste est le plus mal traitté;
Mais quoy qu'en ce dessein vostre espoir se propose,
Vous deuez craindre encor de perdre vostre cause:
Pour vous chasser d'icy ie ne manqueray pas
De fidelles Sujets ny de braues Soldats:
I'engage en mon party des Princes redoutables,
Et ie trouue des Roys qui me sont fauorables.

STELLE.

N'auez-vous souhaitté de me voir en ces lieux,
Que pour faire éclatter vostre audace à mes yeux,
Loin d'attendre de vous cet orgueil qui m'estonne,
I'ay creu venir icy reprendre ma Couronne.
Ie pretends regner seule & regler vostre sort,
Si vous n'y consentez ne parlons plus d'accord.

AVRORE.

Hé bien ie vous declare vne Guerre mortelle,
Ie sçauray vous punir, sœur ingratte & rebelle.

LE COMTE D'VRGEL.

Vous conceuez, Madame, vn espoir bien hautain,
Le succés de la Guerre est tousiours incertain,

C ij

Et lors qu'on est reduit à garder vne place,
Il n'est pas temps d'vser d'orgueil & de menace ;
C'est à Stelle à present que l'espoir est permis
De ne voir plus la peur qu'entre ses Ennemis
Ie suis Prince, Madame, & ie porte vne espée
Qui peut luy redonner sa Couronne vsurpée.

LOTAIRE.

Pour vn Comte d'Vrgel vous parlez vn peu haut,
Vous fustes repoussé dans le dernier assaut,
Et l'on pourra forcer vostre valeur extréme
A s'exercer bien-tost dans vostre Pays mesme.

STELLE.

Comte de Roussillon, aurez-vous ce pouuoir?

AVRORE.

Vn iour à vos dépens vous le pourrez sçauoir?

GVSMAN.

Ma foy, nous nous battrons?

ROGER.

Coulons-nous dans la presse
Pour entrer dans la ville auecque la Princesse.

STELLE.

Il faut nous feparer pour conclure la paix,
Ie vous iray treuuer iufque en voftre Palais.

AVRORE.

Je viendray vous reuoir

STELLE.

Vous n'auez qu'à m'attendre.

AVRORE.

Songez à décamper.

STELLE.

Songez à vous défendre.

LE COMTE.

Nous nous verrons, Lothaire.

LOTHAIRE.

Ouy, pour voftre mal-heur.

STELLE.

Craignez noftre pouuoir.

AVRORE.

Craignez noſtre valeur.

STELLE.

Je puis vaincre aiſément.

AVRORE.

Tremblez, tremblez encore.

Le party de Stelle.

Viue Stelle, Soldats.

Le party d'Aurore.

Viue pluſtoſt Aurore.

Fin du premier Acte.

ACTE II.
SCENE PREMIERE,
AVRORE, DIANE.

AVRORE.

DIANE c'en est faict, il faut vaincre ou perir,
Ce n'est plus qu'à la force où ie dois recourir :
I'ay trois mille cheuaux, & Lothaire s'appreste
Pour les faire sortir & combattre à leur teste.

DIANE.

Lothaire peut beau-coup, il vous ayme & vous plaint,
Vos malheurs & vos yeux l'ont doublement atteint,
Et c'est vn grand secours qu'vn Prince magnanime
Quand la pitié le touche & quand l'amour l'anime.
Si i'ose toutefois vous parler librement,
Vous le traittez, Madame, vn peu bien froidement,

C,

Depuis que ſa valeur à vous ſeruir s'employe
J'ay bien veu que ſes ſoins vous donnent peu de ioye
Et qu'vn Aſtre contraire à ſon affeċtion
Dans voſtre ame pour luy iette l'auerſion.

AVRORE.

Ma, Couſine, entre-nous ie le diray ſans peine,
D'vne autre paſſion mon ame eſt toute pleine,
Lothaire vient trop tard, ſes ſoins ſont ſuperflus,
On ne peut diſpoſer de ce que l'on n'a plus,
Et l'Amour plus ſouuent de nos Cœurs prend naiſſance
Par inclination que par reconnoiſſance.
Tu ſçais bien qu'à Madrid dans vn âge charmant
Le Prince d'Aragon fut mon premier Amant,
Et ie t'ay confeſſé que cette meſme flame
Qui prit dedans mes yeux, retourna dans mon Ame
Ie me trouuay ſenſible & receus à mon tour
Cette langueur qui plaiſt & qu'on appelle Amour.

DIANE.

Ce Prince eſt mort enfin, & ſa mort vous conuie
D'eſteindre voſtre flame auſſi bien que ſa vie ;
Laiſſez, laiſſez en paix le dépoſt d'vn cercueil,
Six mois pour vn Amant ſont vn aſſez long dueil :
Sur ce qui n'eſt plus rien que pouuez vous pretendre,
Voulez vous conſeruer des feux pour de la cendre ?

AVRORE.

AVRORE.

Ie sçay son auanture, & ie n'ignore pas
Qu'en vn combat funeste il receut le trépas :
Mais quãd pour ses malheurs mes yeux versèt des larmes
L'amour veut que mõ Cœur brûle encor pour ses charmes.
Deux mois apres sa mort dans vn iour assez beau,
Où nous fûmes baigner au bord d'vn clair ruisseau,
Ie treuuay ce Portrait dont la chere imposture
Sembloit du Prince mort exprimer la peinture ;
Et rencontrant des traits qui m'auoient peu charmer,
L'Image de ce Prince eut droit de m'enflamer.
Mais admire, Diane, en quelle erreur estrange
De mon cruel destin le caprice me range ;
Depuis que dans mes mains ce Portrait est venu,
Cét Objet qui m'est cher, n'a pû m'estre connu,
Et tout ce qui me flatte, est qu'en cette occurrence
D'vn Prince que i'aymois, i'ayme la ressemblance.
Enfin voilà le charme où mon cœur s'est rendu.

DIANE.

Ie connoy ce Portrait.

AVRORE.

O Dieux !

DIANE.

Ie l'ay perdu.

D

AVRORE.

Toy, Diane :

DIANE.

Ouy, Madame, & ce fut, ce me semble,
Vn iour qui fut choisi pour nous baigner ensemble.
Ie puis vous éclaircir touchant l'original ;
Vostre Empire, Madame, est son pays natal :
L'éclat de sa naissance & de ses Destinées
Peut donner ialousie aux testes Couronnées.
Il est fameux, & braue, autant qu'il est charmant,
C'est vn homme admirable.

AVRORE.

Enfin c'est ton Amant,
Et par vne auanture impreueuë & fatale
Pour Confidente icy i'auray pris ma Riuale.
Tu vantes sa conqueste, & ie dois presumer
Que tu l'estimes trop pour ne la pas aymer.

DIANE.

De cét homme en effet la personne m'est chere.

AVRORE.

Mais quel est-il enfin ?

DIANE.

Madame, c'est mon Frere.

AVRORE.

Ton frere ; dis-tu vray ; me voudrois-tu flatter ?

DIANE.

Ce Portrait est de luy ; vous n'en pouuez douter.
Ie l'auois pour le rendre auec vn peu d'adresse
Aux mains de Leonor autresfois sa Maistresse.
Mais i'en perdis l'enuie ayant veu clairement
Qu'elle auoit partagé les feux d'vn autre Amant ;
Et que mon frere apres cette atteinte impreueuë,
Estoit loin de son Cœur autant que de sa veuë.

AVRORE.

Mais l'ayme-il encor ?

DIANE.

Ie n'en ay rien appris,
Il perdroit son Amour, s'il sçauoit ses mepris.
Il auoit pris déja quelque employ dans la guerre,
Quand vous vinstes reuoir vostre natale Terre ;
Et depuis n'estant point reuenu dans ces lieux,
Il n'a pas eu l'honneur de paroistre à vos yeux.

D ij

AVRORE.

En quel lieu peut-il eſtre?

DIANE.

Il eſt prés de Seuille
Qui commande vn grand Corps des troupes de Caſtille.

AVRORE.

Aupres de nous, Diane, il faut le rappeller,
Je brûle de le voir; mais qui vient nous troubler?

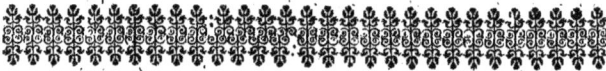

SCENE II.

ELVIRE, DIANE, AVRORE, ROGER,
GVSMAN.

ELVIRE.

DOm-Roger de Moncade à la Porte nous preſſe,
De l'admettre à baiſer les mains de voſtre Alteſſe.

DIANE.

Mon frere.

AVRORE.

Quel bon-heur! qu'il entre promptement
L'émotion se ioint à mon rauissement.
Il vient, à son abord mon trouble renouuelle:
Qu'il est bien fait, Diane!

ROGER.

Ah! Gusman, qu'elle est belle!
Madame, auec respect ie viens vous presenter
Vn Bras qui pour vous plaire osera tout tenter,
Et qui, si vous souffrez, de vous en voir seruie,
Pour seruir vostre Estat, negligera ma vie,
Ie dois rougir, Madame, en tenant ce discours ;
Ce que ie vous presente est vn foible secours ;
Si i'estois souuerain i'aurois l'Ame charmée
De vous offrir mon Bras en teste d'vne Armée,
Bien qu'à mes sentimens mes destins soient meilleurs
De prendre icy des loix que d'en donner ailleurs.

AVRORE.

Soyez le bien venu, Guerrier incomparable,
Dont i'ay tant souhaitté le retour fauorable !
I'ay du plaisir de voir mes souhaits exaucez,
Plus que ie ne puis dire, & que vous ne pensez.
Vous dissipez ma crainte en prenant ma querelle.

D iij

ROGER.

Ie ne fais le deuoir que d'vn Sujet fidele.

AVRORE.

Vous sortez de mon sang, & ie sçay vos exploits,
Des Sujets tels que vous peuuent deuenir Roys.
Mais faites-nous sçauoir toutes vos Auantures:
Nous en auons receu des nouuelles mal sures:
Sur tout n'oubliez rien de puis voftre depart;
Je suis voftre parente, & i'y dois prendre part.

ROGER.

Je resiste à l'honneur qu'il vous plaift de me faire,
Si i'ofois obeïr ie pourrois vous déplaire,
De vous rien déguifer c'eft mal faire ma Cour,
Pour parler de ma vie il faut parler d'Amour;
Et vouloir à vos yeux étaler ma foibleffe,
C'eft perdre le respect qu'on doit à voftre Alteffe.

AVRORE à Diane.

Il ayme Leonor.

DIANE.

Il l'a deuroit haïr.

AVRORE à Roger.

C'eft me bien refpecter que me bien obeir.

Est-ce vn illustre Objet qui cause vos alarmes,
Faites-nous par auance vn recit de ses charmes.

ROGER.

Amour en ma faueur daigne luy réueler
Que c'est de ses appas que ie vay luy parler.
I'adore vne Beauté si charmante & si rare,
En ses moindres attraits mon iugement s'égare.
On connoit à son air doux & maiestueux
Que sans doute elle sort, ou des Roys, ou des Dieux.
Son port seul doit rauir, iamais Reyne Amazone
Auecque tant d'éclat n'a paru sur le Thrône ;
Sa taille est admirable, & son diuin Aspect
Inspire également l'Amour & le respect :
Son teint, où la nature a paru si sçauante,
Est des plus belles fleurs la peinture viuante,
Et porte en mesme temps auec trop de rigueur
De la neige à la veuë, & des flames au Cœur.
L'or de ses beaux cheueux qui tant de Cœurs enlasse,
Mesle agreablement le desordre & la grace,
Et s'émouuant par fois, vient baiser sans dessein
Les Roses de sa joüe, & les Lys de son sein.
Ses yeux noirs & brillans par leurs viues lumieres
Treuuent l'art d'éblouïr les Ames les plus fieres,
Et par des traits charmans qu'on ne sçauroit parer,
N'ont qu'à se faire voir pour se faire adorer.

AVRORE.

Leonor dans ces traits n'est que trop bien dépeinte,
Mon dépit est ardant & ma flame est esteinte.

ROGER.

Ce merueilleux Objet vous doit beaucoup charmer.
Mes fortes passions ne peuuent s'exprimer :
Depuis que j'ay receu ses atteintes charmantes,
Les plus rares beautez me sont indifferentes.

AVRORE.

Enfin ne parlez plus touchant cette beauté,
Vous m'en auez plus dit, que ie n'ay souhaitté.

ROGER.

Qu'ay-ie dit? qu'ay-ie fait?

AVRORE.

Ce qui me doit desplaire.

ROGER.

Quoy? mon Amour, Madame!

AVRORE,

A causé ma colere.

ROGER,

ROGER.

Vous connoiſſez donc bien de qui ie ſuis eſpris.

AVRORE.

Vos diſcours indiſcrets me l'ont aſſez appris.

ROGER.

Il vous a faict, ſans doute, vn adueu temeraire,
Mais qui ſçait bien aymer, ne ſçait pas bien ce taire.

AVRORE.

Roger pour voſtre bien vous feriez beaucoup mieux
D'eſteindre pour iamais ce feu pernicieux.

ROGER.

Iuſques à le chaſtier ie pourrois me contraindre,
Mais ie mourray, Madame, auant que de l'eſteindre.

AVRORE.

Voſtre peu de reſpect me faſche au dernier point.

ROGER.

Arreſtez.

E

AVRORE.

Je ne puis, toy, ne me quitte point.

ROGER.

Vueillez entendre encor deux mots en ma deffence,

AVRORE.

I'ay trop ouy parler d'vn amour qui m'offence.

SCENE III·

ROGER, GVSMAN, LOTHAIRE, LAZARILLE.

LAZARILLE.

A Ce que ie cognoy, Roger eſt mal en Cour.

LOTAIRE.

Sans doute à la Princeſſe il a parlé d'amour.

GVSMAN.

Nous voila bien chanceux.

LAZARILLE.

Voyez comme il soupire.

LOTHAIRE.

Observe auec quel art ie luy feray tout dire,
Seigneur dans ce moment ie tiens mon sort bien doux
De m'auoir fait choisir mesme party que vous;
Vous cognoistrez dans peu iusqu'à quel point i'honore
Le premier des Heros, & le parent d'Aurore;
Je sçay vostre valeur & vostre qualité.

ROGER.

Ie ne merite pas cette ciuilité.

LOTHAIRE.

Vostre voix & vostre air marquent quelque tristesse,
Seroit-ce vn deplaisir qui vint de son Altesse:
La Guerre dont sans doute elle craint le succez,
Rend son esprit souuent chagrin iusqu'à l'excez.

ROGER.

N'eust-elle rien pour moy que mépris & que haine,
Ie dois me souuenir qu'elle est ma Souueraine,

E ij

Et quelque auerſion qu'elle m'ait ſceu monſtrer,
I'en croirois eſtre digne oſant en murmurer ;
Il n'eteinds point mon zele , & ma plus chere enuie
Eſt de ſauuer ſon Sceptre aux deſpens de ma vie.

LOTHAIRE.

On voit peu de Sujets ſi fidelles que vous :
Aurore vous deuoit vn traictement plus doux ;
Vous deuiez eſtre exempt des traicts de ſon caprice,
Et l'on peut l'accuſer d'erreur & d'iniuſtice.

ROGER.

Non, non, Aurore eſt iuſte & me doit mépriſer,
Ce ſont mes ſeuls defauts qu'il en faut accuſer ;
Cét objet merueilleux d'erreur eſt incapable :
Il ne fait iamais rien qui ne ſoit équitable,
Et ſon iuſte mépris fait voir qu'aſſurement
Ie ne meritois pas vn meilleur traittement.

LOTHAIRE.

Vne ſi haute eſtime eſt ſans doute admirable.

ROGER.

Aurore à mon aduis eſt toute incomparable,
Dans vn obiet mortel la Nature & les Cieux

N'ont iamais renfermé des dons si precieux :
Ils ont en sa faueur d'vne adresse nompareille
Fait vn effort dernier pour faire vne merueille,
Et n'ont iamais vny par de plus doux accords
Vne ame si brillante auec vn si beau corps.

LOTHAIRE. bas.

De ton caprice Amour la rigueur est extreme,
L'on entend à regret estimer ce qu'on aime !
Et soit que l'on en dise ou du bien ou du mal,
Vn Amant en conçoit vn deplaisir égal.

ROGER.

Elle a des qualitez qui font assez cognoistre
Que c'est pour commander que le Ciel l'a fait naistre,
Et qu'vn Sceptre adoré du reste des humains,
Ne sçauroit mieux tomber que dans ses belles mains.
Stelle deuroit ceder la supreme puissance
Au merite d'Aurore autant qu'a sa naissance,
Et ses yeux où du Trône on voit briller les droicts,
Treuueront des Sujets entre les plus grands Roys.

LOTHAIRE bas.

Son amour dans ces mots trop clairement s'exprime,
Tachons par nos mépris d'amoindrir son estime.

E iij

ROGER.

L'offre que ce matin elle a faicte à sa Sœur
De son Ame Royale a fait voir la grandeur ;
Ce doit estre à sa gloire vne marque immortelle,
Pour monstrer qu'elle est iuste autant comme elle est belle ;
Enfin c'est vn miracle, il le faut auoüer.

LOTHAIRE.

Comme vous ie l'estime, & ie la veux loüer.

ROGER.

Elle a mille vertus dignes qu'on les admire.

LOTHAIRE.

C'est en dire beaucoup.

ROGER.

Ion n'en peut assez dire,
On doit estre charmé de ses moindres appas.

LOTHAIRE.

Vous en parlez trop bien.

ROGER.

Vous, vous n'en parlez pas.

LOTHAIRE.

Ie sçay dessus ce point ce qu'il faut que l'on pense,
Et veux bien vous en faire entiere confidence,
Vous estes trop vaillant pour n'estre pas discret,
Pour vn si noble amy ie n'ay point de secret,
Comme à vous dans l'abord Aurore eut l'aduantage
De me faire estimer son Cœur & son Visage:
Mais ie suis mieux instruict, & le Temps m'a fait voir
Qu'vn merite apparent m'auoit sceu deceuoir.

ROGER.

Lothaire, ce mepris me paroist fort estrange!

LOTHAIRE.

Il est iuste pourtant plus que vostre loüange,
Quand vous aurez cessé d'estre preoccupé,
Vous verrez clairement que vous estes trompé,
Qu'Aurore n'eust iamais de charmes inuincibles,
Et qu'elle a des deffauts qui sont assez visibles.

ROGER.

J'y trouueray tousiours de nouuelles beautez :
Mais ie ne puis souffrir l'air dont vous la traittez.
Aurore est sans deffaut, & pour ne vous rien taire
Ie feray repentir qui dira le contraire.

LOTHAIRE.

C'eſt à tort, ſur ce point, que vous vous offencez,
Aurore n'eſt pas iuſte au point que vous penſez,
Et tant d'honneſtes gens qui combatent pour Stelle,
Font voir que l'equité ſe trouuë en ſa querelle,
Ie ſouſtiens qu'ils ont pris le plus iuſte party.

ROGER.

Et moy ie ſouſtiendray que vous auez menty.

LOTHAIRE mettant l'épée à la main.

C'eſt trop, ma retenuë eſt enfin diſſipée.

SCENE IV.

AVRORE, ROGER, GVSMAN,
LOTHAIRE LAZARILLE.

AVRORE ſortant de ſa Chambre.

COmment deuant ma chambre oſer tirer l'eſpée?

ROGER.

Si j'oſe vous parler.

LOTHAIRE.

LOTHAIRE.

De grace, écoutez-moy !

ROGER.

Vous ne vous plaindrez point ?

LOTHAIRE.

Vous connoistrez ma foy.

ROGER.

Madame.

LOTHAIRE.

En mécoûtant, vous serez mieux instruite.

ROGER.

l'ay.....

AVRORE.

Lothaire, parlez, vous parlerez ensuitte.

LOTHAIRE.

l'ay voulu hautement loüer vôtre beauté,
Et de vôtre querelle exprimer l'équité ;
Mais luy par des mépris, que par respect ie celle ;
Dit que vous n'estes point équitable ni belle,
Ie n'ay sceu plus long-temps vous entendre outrager,
Et i'ay tiré l'épée afin de vous vanger.

F

GVSMAN à part.

Peut-on mentir iamais auec plus d'insolence?

AVRORE.

L'adueu de vos mépris éclate en ce silence.
Mon visage, Roger, a beaucoup de defauts,
Et vôtre iugement, sans doute, n'est point faux;
Mais ie ne comprens pas, quoy que ie me propose,
Pourquoy vous condamnez l'équité de ma cause,
Vous que l'honneur engage à deffendre mes droits,
Et qui de mon party semblez auoir fait choix.

ROGER.

Vos soupçons me font tort; l'audace de Lothaire
Trouble mon innocence & la force à se taire,
Luy-mesme insolemment vient de vous méprisér,
Il m'accuse au moment que ie dois l'accuser:
Il m'impute vn forfait dont ie suis incapable,
Et se fait innocent lors qu'il est seul coupable.

AVRORE.

Vos excuses, Roger, ont peu de fondement.

LOTHAIRE.

Ie vous ay dit la chose, & fort ingenuëment.

ROGER, *mettant la main sur son espée.*

Si nous estions en lieu, tel que ie le desire,
Vous voyez vn témoin qui vous feroit dédire.

AVRORE.

Ie vous deffens, Roger, d'auoir prise auec luy!
Ce Prince de mon Trône est le plus ferme appuy;
C'est s'attaquer à moy, qu'attaquer sa personne,
Et sa perte seroit celle de ma Couronne.

LOTHAIRE.

Roger n'est pas vn homme à redouter si fort,
S'il m'oze offrir la guerre, il receura la mort.

ROGER.

Si vos ordres exprés ne regloient mon enuie,
La menace dans peu luy cousteroit la vie.

AVRORE.

Ces éclaircissemens seroient trop hasardeux,
Sans croire aucun de vous, ie fais grace à tous deux.

LOTHAIRE.

Apres vne bonté si touchante & si rare,
Qui peut vous méprifer, est sans doute vn barbare :

F ij

Et quoy que ie me treuue innocent en effet,
Pour iouyr du pardon, ie prend part au forfait :
Ouy ; bien qu'iniuſtement vn inſolent m'accuſe,
I'accepte voſtre grace.

ROGER.

Et moy ie la refuſe.
Qui reçoit vn pardon & ſe dit innocent,
Produit contre ſoy-meſme vn indice puiſſant,
Et bien qu'vn impoſteur m'accuſe auec audace,
Ie n'ay point faict de crime, & ne veux point de grace.

AVRORE.

Vous refuſez ma grace ! hé bien ie la reprends,
Ie voy de vos mépris des indices trop grands,
Quoy que deſſus ce point voſtre orgueil me denie,
Ie ne dois plus douter de voſtre calomnie,
Vous m'auez meſpriſée, & i'ay trop bien compris
Que vous voulez encor ſouſtenir vos mépris ;
Voſtre Ame qui ſe plaiſt à me voir offencée,
Au moindre repentir ne peut eſtre forcée ;
Ma grace aſſeurement vous donne de l'effroy,
Vous auriez du regret d'eſtre bien auec moy,
Et que de mes bontez vn excez magnanime
Vous força de changer vos meſpris en eſtime.

ROGER.

Vous auez pris à tort ces iniuftes foupçons.

AVRORE.

Vous prenez mal le temps pour faire des leçons.

ROGER.

Efcoutez-moy parler contre cette impofture.

AVRORE,

Non, non, vous me diriez quelque nouuelle iniure.

ROGER.

Scachez......

AVRORE.

De voftre part ie ne veux rien fçauoir ;
Et vous m'obligerez de ne me iamais voir.

LOTHAIRE.

Le temps approche où Stelle aura beaucoup d'allarmes,
Voftre Cauallerie eft toute fous les armes;
I'eftois icy venu pour vous en aduertir.

AVRORE.

Allons, conduifez-moy, ie vous verray partir.

SCENE V.

ROGER, GVSMAN.

ROGER.

VOy comme elle me faict cette chere inhumaine,
Le coupable a le prix, l'innocent à la peine;
Et lors que mon respect attire son dedain,
Vn insolent reçoit son cœur auec sa main.

GVSMAN.

Monsieur, consolez vous, c'est chose assez commune
Que la Vertu soit mal auecque la Fortune;
Il faut quitter ces lieux où nous sommes hays,
L'on n'est iamais, dit-on, Prophete en son pays.

ROGER.

Ne me parle iamais de m'esloigner d'Aurore;
Toute ingrate qu'elle est, il faut que ie l'adore,
Malgré tous ses mépris au fort de ma douleur,
I'accuse seulement Lothaire & mon Malheur.

GVSMAN.

Mais que pretendez-vous?

ROGER.

Ou me perdre, ou luy plaire,
J'oposeray ma flâme au bon-heur de Lothaire,
Et nous pourrons sçauoir auant la fin du iour;
Qui doit vaincre ou ceder? la Fortune ou l'Amour.

Fin du second Acte.

ACTE III.

SCENE PREMIERE.

GVSMAN, ROGER, Dans le Iardin,

GVSMAN.

AH ! que de biens, Seigneur, que d'honneur &
de gloire.

ROGER.

Ce succez est si grand qu'à peine à le croire.

GVSMAN.

Auec cent Caualiers rompre mille cheuaux.

ROGER.

I'ay dans ce grand exploict, fait voir ce que ie vaux :
Lothaire

Lothaire auec trois mille a fait moins de carnage,
Et de tous ces trauaux tiré moins d'auantage.
Mais en ce grand succez d'où naistra mon bon-heur,
La Fortune a plus fait pour moy que ma Valeur;
En cette occasion & si chaude & si prompte
J'ay penetré d'abord au Pauillon du Comte,
Qui se verroit possible entre mes prisonniers,
S'il auoit tenu ferme & plié des derniers.
Rien n'a peu resister à nostre noble audace,
Et dans cette chaleur on nous faisions main basse,
Vn homme m'a crié passe & tremblant d'effroy,
Ie me rends en vos mains, Seigneur, conseruez-moy.
Ie puis vous asseurer qu'en sauuant ma personne
Vous gaignerez vn prix qui vaut vne Couronne.
Cette haute promesse a faict haster mes pas
Pour le tirer soudain d'vn fascheux embarras,
Et comme ma valeur l'a tiré de la presse,
Il a par ce Coffret accomply sa promesse,
Mais comme il se sentoit blessé mortellement,
D'vne voix foible & basse il m'a dit seulement
Du grand Comte d'Vrgel ie suis le Secretaire,
Qui d'vn si grand tresor me fis depositaire,
De grace publiez pour adoucir mon sort
Que ie l'ay pour le moins gardé iusqu'à la mort.
En acheuant ses mots il chancelle, il expire.

G

GVSMAN.

Apres auoir tant faict, qu'auoit-il plus à dire?

ROGER.

I'ay seruy ma Princesse auec assez de fruit,
Et ce fameux exploict va faire assez de bruit.

GVSMAN.

En venant apporter cette heureuse nouuelle,
Vous auez auec vous vn tesmoin bien fidelle :
Cet Escrin tout remply de larges Diamans
Confondra l'artifice & les déguisemens.

ROGER.

Ouy, si dans ce iardin, comme ie me propose,
Ie rencontre ma sœur pour luy dire la chose,
Ie la veux informer de ce coup glorieux,
Et mettre entre ses mains ce depost precieux.
Aurore qui paroist de soucis accablée,
S'appuyant sur ma Sœur, passe dans cette Allée,
La crainte me saisit, cachons nous en ces lieux,
Elle m'a deffendu de paroistre à ses yeux.

SCENE II.
AVRORE, DIANE, ELVIRE.

AVRORE.

Diane vois-tu bien comme il fuit ma rencontre?

DIANE.

Il se cache, il est vray ; mais son respect se monstre.

AVRORE.

Icy l'auersion peut passer pour respect.

DIANE.

Et le vray pour le faux à qui tout est suspect.

AVRORE.

Mais il pouuoit passer auec moins de vistesse.

DIANE.

Mais il vouloit garder l'ordre de vostre Altesse.

G ij

C'eſt par commandement qu'il deſtourne ſes pas ,
Et vous le blaſmeriez s'il ne le faiſoit pas.
Le feray-ie appeller ſans tarder dauantage?

AVRORE.

Pluſtoſt mourir cent fois qu'il euſt cet auantage.

DIANE.

Vous remettriez la joye en vn cœur affligé.

AVRORE.

Ie ne veux rien du tout en vn cœur partagé!

DIANE.

Sans doute vos ſoupçons luy font vn tort extreme.

AVRORE.

Mais ſi i'eſtois ſa ſœur, ie dirois tout de meſme,
Ie voudrois le ſeruir, ie voudrois l'excuſer,
Et porter tout le monde à le fauoriſer.
Dans ces chers mouuemens qu'inſpire la Nature,
On va iuſqu'au menſonge & iuſqu'à l'impoſture,
De Lothaire tantoſt ie n'ay que trop apris
Que Roger n'a pour moy que haine & que mépris,
Et tout ſon procedé trop clairement exprime,
Qu'il n'a pour Leonor que tendreſſe & qu'eſtime.

Ce que tu dis pourtant, passe en mon souuenir
Comme vn songe plaisant que ie veux retenir;
Par obligation ie dois aimer Lothaire,
Par inclination ie panche vers ton frere;
Et cette émotion qui vient du Firmament
Est plus forte cent fois que mon raisonnement,
Mais le sommeil mé presse, & de nostre sortie
Le soin iusqu'à present m'a tousiours diuertie,
Ie veux vn peu dormir dessus ce gazon frais,
Sur qui ces verds rameaux font vn ombrage espais.

DIANE.

Vous plaist-il que l'on chante vn air qui soit capable
D'introduire en vos sens ce sommeil agreable?

AVRORE.

Il est bien à propos, Diane, prens ce soin!
Qu'il n'entre icy personne & qu'on chante vn peu loin.

CHANSON.

A Mour détache ton bandeau
Pour voir l'ouurage le plus beau
Qu'ait iamais formé la nature;
On y voit briller tant d'appas,
Que les seuls traits de sa peinture
Pouuoient ébaucher mon trépas.

O Vous; dont la vaine splendeur
Voudroit contester de grandeur
Auec la beauté que i'adore,
Vos trauaux n'auront point de fruict,
L'esclat d'vne si belle Aurore
Esteint tous les Feux de la Nuict.

SCENE III.

AVRORE, ELVIRE, LOTHAIRE.

ELVIRE.

HA ! *Seigneur, n'entrez point, la Princesse repose!*

LOTHAIRE.

Eluire! de ma part ne crains aucune chose.

ELVIRE.

Vous luy pourrez tantost parler plus à propos.

LOTHAIRE.

Laisse moy, ie sçauray respecter son repos :
Ie ne troubleray point une beauté si chere,
Mes souhaits les plus doux ne tendent qu'à luy plaire.
I'attendray son resueil, prenant icy le frais;
L'on excuse vn Amant, auançons nous plus prés.
Mais prenons luy ses fleurs, affin que leur absence
L'instruise à son réueil de nostre diligence.

Ie veux eſcrire icy des vers ſur ce ſujet,
Qui ne deſplairont pas à ce charmant objet.

       Il eſcrit ſur des Tablettes.

Laiſſez-moy ces fleurs en partage,
L'éclat de voſtre beau viſage
Ternit leurs plus viues couleurs ;
N'en treuuez point la perte eſtrange,
Celuy qui vous oſte des fleurs,
Vous laiſſe ſon cœur en eſchange.

Ces vers à mon aduis ne ſont pas mal tournez.
Il n'eſt rien d'impoſſible aux cœurs paſſionnez,
Jl ne faut point tracer mon nom ſous ces fleurettes,
Elle recognoiſtra ſans doute mes Tablettes ;
Poſons-les, & de peur de troubler ſon ſommeil
Dans ce beau pourmenoir attendons ſon reueil.

SCENE.

SCENE IV.

AVRORE, ROGER, GVSMAN.

GVSMAN, sortant d'vne allée.

IE le voy.

ROGER.

Que vois-tu?

GVSMAN.

L'obiet de vostre haine,
Lothaire qui tout seul dans ces lieux se promeine,
Il cherche la Princesse.

ROGER.

Il n'en faut point douter.
Ie sens en le voyant mon courroux s'augmenter,
Et s'il auoit l'orgueil de m'aborder encore,
Ie pourrois oublier les deffences d'Aurore.

GVSMAN.

J'apperçoy la Princesse.

ROGER.

Esuitons son abord.

GVSMAN.

Elle est seule.

ROGER.

Il n'importe.

GVSMAN.

Arrestez, elle dort.

ROGER.

Elle dort?

GVSMAN.

Aprochez.

ROGER, regardant Aurore.

Merueille que i'adore!
Vous qui reüeillez tout, vous dormez belle Aurore!
Et toutes les beautez, les charmes les plus doux,
Les Graces, les Amours dorment auecque vous.

Mais qui peut aupres d'elle auoir mis ces Tablettes,
Ces vers de mes soupçons seront les interpretes,
Regardons ce que c'est.

Laissez-moy ces fleurs en partage,
L'éclat de vostre beau visage
Ternit leurs plus viues couleurs ;
N'en treuuez point la perte estrange,
Celuy qui vous oste des fleurs,
Vous laisse son cœur en eschange.

Vers assez peu censez
De ce feuillet icy vous serez effacez !
Et ie suis obligé d'en mettre à vostre place,
Qui se presenteront auecque plus de grace.

Le plus fidelle des Amans
Vous a donné ces Diamans
Qui brillent bien moins que sa flâme ;
Et sans rien exiger de vous,
Il borne ses vœux les plus doux,
A vous donner encor son ame.

Laissons auec ces vers ce coffret precieux,
Afin qu'à son réueil elle y porte les yeux :
Ma Sœur qui cognoistra d'abord mon escriture,
Luy pourra sur ce faict donner quelque ouuerture ;

Et nous viendrons apres par son commandement
Luy conter en détail ce grand euenement.
Elle s'éueille ; ô Dieux ! quelle rigueur extreme
De se voir obligé de fuir ce que l'on aime.

SCENE V.

AVRORE éueillée.

A Ymable & doux sommeil qui me pressois les yeux,
Tu n'es iamais d'accord auec l'Astre des Cieux !
Tandis qu'il rend les Monts & les Plaines fertiles,
Il seiche ses Pauots & les rend inutiles.
Ie ne puis plus dormir, le chaud & la clarté
Banissent de mes sens le repos souhaitté,
Aussi bien ma grandeur se trouue interessée
Au succez de l'exploict qui regne en ma pensée.
Mais qu'est-ce que ie tiens, & qu'est-ce que ie voy ?
D'où me vient cet Escrin ? fille qu'on vienne à moy !
Ce que ie treuue icy, me surprend & m'estonne :
Tandis que ie dormois, n'est-il entré personne.

SCENE VI

ELVIRE, AVRORE.

ELVIRE.

LOthaire seul, Madame, a pris la liberté
D'entrer en ce Iardin contre ma volonté.

AVRORE.

Sans doute c'est à luy que ie suis redeuable
D'vn present si galand & si considerable ;
Je dois m'en asseurèr, c'est le fidelle Amant,
Par qui les bons succés m'arriuent en dormant.
Ces Tablettes aussi me sont assez connuës,
Lothaire prés de moy souuent les a tenuës :
Il faut les feuilleter, possible qu'à les voir,
J'apprendray de sa main ce que ie veux sçauoir.
Ie ne voy que des vers, lisons à sa Princesse
Lothaire veut par tout faire voir son adresse.

G iij

Le plus fidelle des Amans
Vous a donné ces Diamans,
Qui brillent bien moins que sa flame:
Et sans rien exiger de vous,
Il borne ses vœux les plus doux,
A vous donner encor son Ame.

O Fortune! Il falloit que pour bien m'obliger
Ces vers & ces faueurs me vinssent de Roger.
L'offence qu'il m'a faitte, en seroit effacée,
A suiure mes desirs ie me verrois forcée;
Ie perdrois des soupçons que ie garde à regret,
Ie ne haïrois plus ce que j'ayme en secret;
Cet Objet à la fois d'amour & de colere,
Qui tout ingrat qu'il est, ne me sçauroit déplaire:
Et ie ne serois pas reduitte à caresser
Vn Prince qu'on ne peut assez recompenser.
Mais qui par vn instinct qui n'est pas conceuable,
Tout obligeant qu'il est, ne peut m'estre agreable,
Ce charmant importun. Mais, ô Dieux le voicy!

SCENE VII·

LOTHAIRE, AVRORE, ELVIRE.

LOTHAIRE.

MAdame i'attendois voſtre reueil icy,
A deſſein de vous faire vn recit veritable
D'vne expedition dont ie ſuis reſponſable.
Nos gens ayant d'abord enleué deux quartiers,
Auoient deſia battu des Regimens entiers.
Quand le Comte ſuiuy d'vne troupe aguerrie,
Ralia les trois parts de la Caualerie,
Lors les voyant marcher en vn ordre meilleur,
Oppoſans en tous lieux le nombre à la valeur:
Enfin nous auons faict vne retraitte vtille
De peur d'eſtre coupez du coſté de la ville,
Où nos gens par l'effort de voſtre heureux deſtin,
Sont rentrez tous couuerts de gloire & de butin.

AVRORE.

Ce recit eſt remply de trop de modeſtie !
Du ſuccés de vos ſoins ie ſuis bien aduertie,

Et d'illustres Tesmoins m'ont desia fait sçauoir
Que pour m'en acquiter ie manque de pouuoir.

LOTHAIRE.

Si le sort eust voulu seconder mon courage,
I'eusse obtenu sans doute vn plus grand auantage :
Mais quãd j'aurois pour vous sceu vaincre entierement,
Ie serois trop payé d'vn regard seulement.

AVRORE.

Ne desaduoüez point le bien que vous me faites :
Quoy que vous en disieZ, i'en croiray vos Tablettes.

LOTHAIRE.

I'ay pris la liberté d'y tracer quelques vers.

AVRORE.

C'est par eux que vos soins m'ont esté decouuerts :
Mais d'où vient que ces fleurs en vos mains sont tõbées ?

LOTHAIRE.

Pendant vostre sommeil ie les ay derobées.

AVRORE.

Ie souffriray tousiours des larcins à ce prix,
Vous m'auez plus donné que vous ne m'auez pris :

Ie

Ie sçay bien à quel point ie vous suis redeuable,
Je dois nommer faueur cette eschange agreable.

LOTHAIRE, à part.

O bonté sans esgalle! elle appelle faueur
Le vol de son bouquet & le don de mon cœur.

AVRORE.

Vous faictes l'estonné.

LOTHAIRE.

Vostre bonté m'estonne.
Vous faittes trop d'estat du peu que ie vous donne.

AVRORE.

Ce que vous me donnez, adroit de me charmer.

LOTHAIRE.

Qu'entends-je? mon bon-heur se peut-il exprimer?

AVRORE montrant l'Escrin.

C'est vouloir encherir sur les Galanteries,
Que de payer des fleurs auec des Pierreries,
Elles viennent de vous ; ne me le celez plus.

LOTHAIRE.

O Dieux? que vois-je?

J

AVRORE.

En vain vous faictes le confus,
Ce sont à mon aduis des marques éclatantes
Que vous auez forcé les principales Tentes.

LOTHAIRE.

Cet Amas de Brillans seroit plus precieux,
S'il auoit tout l'esclat qui sort de vos beaux yeux.

AVRORE.

Afin de m'obliger par des faueurs discrettes,
Vous l'auez icy mis auecque vos Tablettes,
Le Butin est fort rare & le Traict fort galant,
Toutes vos actions n'ont rien que d'excellent:
Asseurez vous qu'Aurore est fort recognoissante:
Mais d'où vient que Roger à mes yeux se presente?

LOTHAIRE.

Il aproche, & vostre ordre est assez mal gardé.

SCENE VIII.

ROGER, GVSMAN, AVRORE, LOTHAIRE.

AVRORE.

QVi vous amene icy? vous ay-ie demandé?

ROGER.

Madame, vn attentat horrible vous regarde,
Qui de m'offrir à vous fait que ie me hazarde.
Prés du mur du Iardin marchant au petit pas,
Ie viens d'ouyr des gens qui parloient assez bas :
Le mur nous separoit & par vne merueille,
Ces mots plus esleuez ont frappé mon oreille.
Ouy sur ce stratageme il se faut arrester ;
La chose est bien conclüe, il faut l'executer,
Par là Stelle est vengée, & sa Sœur est destruite,
Il faut qu'elle perisse elle & toute sa suitte ;
I'ay faict lors vn effort pour voir les assassins
Qui forment contre vous de si cruels desseins :

I ij

Mais par vn grand malheur la muraille esbranlée,
S'est entre mes deux mains par le haut escroulée,
M'a fait choir auec elle, & ne m'a pas permis
De saisir ny de voir vos secrets ennemis.

AVRORE.

Cét aduertissement est si fort ridicule,
Qu'il n'estonneroit pas l'esprit le plus credule.
Comment peut-on parer de pareils attentats,
Et se garder de gens que l'on ne cognoist pas?
Ie seray redeuable à vos auis fidelles
Quand vous m'aporterez de meilleures nouuelles
Lors que vous aurez fait quelque grande Action,
Dont le recit responde à nostre attention.

ROGER.

Vous serez redeuable à mes auis fidelles,
Quand ie vous porteray de meilleures nouuelles;
Et lors que j'auray fait quelque grande Action
Dont le recit responde à vostre attention?
Princesse ie reclame icy vostre Iustice,
Est-il rien de plus grand que mon dernier seruice?
Pendant vostre sommeil prés de vous j'ay remis
Ce Butin que j'ay faict entre vos ennemis;
Pourriez-vous démentir ce brillant témoignage,
Qui fait voir où mon zele a porté mon courage?

AVRORE.

Vous pretendez sans doute augmenter mon couroux,
Ce present m'est venu d'vn plus vaillant que vous.
Aux faciles esprits l'on peut tout faire croire :
Mais ce n'est pas ainsi qu'on acquiert de la gloire.

ROGER.

Pouuez-vous soupçonner mon courage & ma foy?
En faisant tout pour vous, n'ay-je rien fait pour moy?
Et ce riche tresor où ma valeur s'exprime,
N'a-il pas merité seulement vostre estime?

AVRORE.

Pensez-vous m'abuser par ces déguisemens?

GVSMAN, à part.

Il est bien satisfaict de tels remerciemens.

ROGER.

Par quel charme faut-il que mes trauaux penibles
Ne recueillent pour fruict que des douleurs sensibles:
Et qu'enfin ma valeur ne reçoiue autre prix
Que les rigoureux traicts d'vn iniuste méprix?

I iij

AVRORE, à Lothaire.

Hé bien qu'en dites-vous?

LOTHAIRE.

L'insolence est extreme.

ROGER.

Ce que ie dis, Madame, est la verité mesme.
I'ay pris ces Diamans.

AVRORE.

Et moy ie n'en croy rien,
Ils viennent de Lothaire, & ie le sçay fort bien:
Ne vous obstinez pas à dire le contraire,
A moins que de vouloir redoubler ma colère.

ROGER.

Malgré vostre iniustice & mon ressentiment,
Ie vous obeyray, Madame, aueuglément;
Ie souffriray qu'vn lasche en bonheur me surmonte,
Et qu'il ayt tout l'honneur & moy toute la honte:
Mais s'il faut pour vous plaire estre fourbe & sans cœur,
Ie dois vous obeyr sans espoir de faueur.
Moy qui suis ennemy des moindres artifices,
Et qui iusqu'à la mort vous rendray des seruices.

LOTHAIRE.

Il croit que ces discours pourront vous deceuoir.

AVRORE.

Non, non, i'ay trop de joye à ne luy rien deuoir.

LOTHAIRE.

Pour vous tromper sans doute, il prend mal ses mesures,
Vous ne vous laissez pas surprendre aux impostures.

ROGER.

Quoy de tous mes trauaux vous estant fait l'autheur,
Osez-vous bien encor me traitter d'imposteur?

AVRORE.

C'en est trop, c'en est trop, ma patience est lasse
De voir ioindre à mes yeux le mensonge à l'audace.
Sortez.

ROGER.

Cette rigueur m'estonne au dernier point.

AVRORE.

Retirez-vous, vous dis-je, & ne repliquez point.

ROGER.

Ma valeur parlera, quand vous me ferez taire.

AVRORE.

C'est trop perdre de temps, ramenez moy Lothaire.

SCENE IX.

ROGER, GVSMAN.

ROGER.

H*A cruelle Princesse, à qui tout semble deu;*
C'est pour moy seulement que le temps est perdu!
O rigoureux mépris ! ô dures barbaries.

GVSMAN.

Ma foy l'on a fort mal payé vos pierreries.
Aurore est mal aprise, & ces beaux Diamans
Valoient bien tout au moins quelques remercimens :
Mais il n'escoute point.

ROGER.

ROGER.

Poursuy diuine Aurore!
Sois plus mécognoissante & plus iniuste encore ;
Donne plus d'estenduë à cette cruauté
Qui pour moy se rencontre esgalle à ta beauté.
Et deuien, s'il se peut, plus fiere & plus cruelle
Que tu'n'es à mes yeux noble, charmante & belle.
Toutes ces cruautez ne m'empescheront pas
De te seruir par tout iusques à mon trespas ;
De prodiguer tousiours mon sang pour ta querelle,
Et d'affermir enfin ton Trône qui chancelle.
Suy moy, cherchons ma Sœur, & faisons vn effort
Pour vaincre mon malheur, ou pour haster ma mort.

Fin du troisiesme Acte.

K

ACTE IV.

SCENE PREMIERE.

ROGER, AVRORE.

ROGER, posant Aurore euanouye sur vn Gazon, apres
l'auoir retirée du Palais qui paroist embrasé.

ENfin grace à l'amour, j'ay sauué de la flame
Celle qui fit entrer tât de feux dans mon Ame!
Mais, ô de tant de soins fatal euenement!
Cette rare beauté reste sans mouuement,
Et tous mes vains efforts dans ces debris funestes,
D'vn object si charmant n'ont sauué que les restes;
Les Astres de la nuict par leur sombres clartez,
Ne me font que trop voir ces tristes veritez;
Ses apas ont perdu leur grace accoustumée,
Sa bouche sans couleur est a demy fermée,

Ses charmes sont esteins, & la Mort à son tour
Triomphe insolemment, où triomphoit l'Amour!
O Destins ennemis, eust-on peu iamais croire
Que vous m'eussiez reduit à detester ma gloire,
Et sentir des douleurs pires que le trespas,
Apres m'auoir faict voir Aurore entre mes bras!
Faut-il qu'vne beauté si charmante & si fiere
Dans vn embrasement perde ainsi la lumiere?
Elle qui sçauoit l'art de s'émouuoir si peu
Alors que ses beaux yeux mettoient les cœurs en feu:
Mais c'est trop quereller les Destins de sa perte,
On doit me l'imputer, puisque ie l'ay soufferte;
I'ay deu pour conseruer le fil de ses beaux iours,
Preuoir mieux son peril & haster mon secours,
Et mon retardement qui luy couste la vie,
Est vne trahison qui doit estre punie:
Ie me suis faict coupable en la laissant perir,
Pour elle i'ay vescu, pour elle il faut mourir,
Et ioindre auec ce fer pour signaler ma flame,
Mon trepas, à sa mort, & mon ame à son ame:
Toutesfois differons ce dessein d'vn moment:
Ie n'ay faict de sa mort qu'vn douteux iugement,
Possible par bon-heur qu'elle n'est que pasmée.
Ce peut estre vn effect de la seule fumée.
Aucuns de ses habits ne se trouuent brulez,
Et ses esprits pourront estre encor rapelez:

                                                    K ij

Mais ie mettrois fort mal ce secours en vsage,
Cherchons quelqu'vn des siens sans tarder dauantage,
Et venons dans ces lieux apres, au gré du sort,
Ou luy rendre la vie, ou me donner la mort.   Il sort.

SCENE II.

LOTHAIRE, LAZARILLE, AVRORE.

LOTHAIRE.

TOn effort vainement s'oppose à mon enuie,
Puis qu'Aurore n'est plus, ie dois perdre la vie;
Et pour me reünir au sujet de mon deüil,
De ce Palais en feu faire au moins mon cerceüil.
O Funeste accident.

LAZARILLE.

Qu'auez vous à vous plaindre?
Dans ce Jardin Seigneur nous n'auons rien à craindre,
Et de ce grand Palais l'embrasement fatal
Ne doit point faire icy ny de peur ny de mal.

LOTHAIRE.

Ha! c'est trop iustement que la douleur m'emporte,
Ne m'as-tu pas conté que la Princesse est morte ;
Ne m'as tu point apris que cét objet charmant
Se trouue enueloppé dans cet embrasement ?
Et que desia par tout le bruit vient de s'espendre,
Qu'vn chef-d'œuure si beau n'est plus que de la cendre ?

LAZARILLE.

Seigneur c'est vn malheur qu'on ne pouuoit celer,
Et dont le seul remede est de s'en consoler.

LOTHAIRE.

Peut-on se consoler d'vne telle disgrace ?
Mais retourne à la ville & voy ce qui s'y passe,
Sans doute que ce feu vient de nos ennemis,
Et qu'on doit redouter quelque chose de pis.

SCENE III.

LOTHAIRE, AVRORE.

LOTHAIRE.

ENfin ie me vois libre, & ie puis sans contrainte
Suiure le desespoir dont mon Ame est atteinte.
Ne faisons point icy de regrets superflus:
Il faut, il faut perir, Aurore ne vit plus.
Le trepas fait ma perte, il faut qu'il m'en console:
Qu'il ioigne encor ma vie au tresor qu'il me vole,
Et que pour assouuir pleinement sa rigueur,
Il triomphe d'Aurore au milieu de mon cœur!
O Dieux ne vois-je pas l'ombre de cette Belle!
Qui vient de ses Amans reuoir le plus fidelle.
Non ie suis abusé: ce n'est que son beau corps,
Et son Ame est desia sans doute entre les morts!
O trop infortunée & trop aymable Aurore!
Console d'vn regard vn Amant qui t'adore:
Mais en vain ie luy parle, elle est sourde à ma voix,
Je la recouure ensemble & la perds à la fois;

Ie la treuue, il est vray: mais ie la treuue morte.
Quand ie me troy guery, ma douleur est plus forte,
Et i'aprends à l'obiet d'vn si cruel trepas,
Qu'il m'eust esté plus doux de ne la treuuer pas.
Son malheur par mes cris ne deuiendra pas moindre.
Attends Aurore, attends, ie m'en vay te reioindre.
Et ce fer par mes mains va punir ton Amant,
D'auoir apres ta mort vescu plus d'vn moment.
Aurore belle Aurore!

AVRORE, reuénant de sa pamoison.

Où suis-ie & qui m'appelle?

L'OTHAIRE.

Celuy pour qui vos maux sont vne mort cruelle,
Qui veut rendre vos iours non les siens asseurez,
Qui vit si vous viuez, qui meurt si mourez;
Et qui iusqu'au Tombeau s'obstinant à vous suiure,
Vous croyant desia morte, alloit cesser de viure.

AVRORE.

C'est donc à vous Lothaire, à qui ie doy le iour!
Vous ne pouuiez iamais marquer mieux vostre Amour!
O miracle inoüy, que ie ne puis comprendre!
Quel autre qu'vn Amant auroit peu l'entreprendre?

Amour pour vn deſſein ſi grand , ſi perilleux ,
Il faut trouuer vn cœur eſchauffé de ſes feux!
Vous qui pouuez pretendre à plus que vous ne faites,
Aprenez qui ie ſuis m'ayant dit qui vous eſtes ;
Je ſuis celle qui croit deuoir tout à vos ſoins ;
Celle qui donne plus quand on attend le moins,
Dont le cœur eſt ſenſible à la recognoiſſance,
Qui s'impute à bon-heur voſtre perſeuerance,
Qui vous doit ſon ſalut, qui ne vit que par vous,
Qui croit que voſtre amour a fait de ſi grands coups,
Et confeſſe qu'apres cette action ſublime,
Elle doit quelque choſe au delà de l'eſtime.

LOTHAIRE.

Elle ſe trompe fort, ſecondons ſon erreur.
Un menſonge amoureux ne me fait point d'horreur.
Ce diſcours obligeant, paye auec trop d'uſure,
Ce que i'ay fait pour vous en cette coniecture.

AVRORE.

Sçachez que voſtre prix paſſera voſtre eſpoir.

LOTHAIRE.

Ie ſçay que qui vous ſert, ne fait que ſon deuoir.

AVRORE.

AVRORE.

Mon salut ne vient pas d'vne valeur commune.

LOTHAIRE.

Ma valeur a moins fait que ma bonne fortune:
J'entens du bruit.

SCENE IIII.

DIANE AVRORE LOTAIRE.

DIANE.

*M*Adame, ô Dieux! par quel bon-heur?
De vous baiser les mains ay-je encore l'honneur

AVRORE.

Diane mon salut, de Lothaire est l'ouvrage,
Admire son amour, admire son courage:
Si tost que cét horrible & prompt embrasement
Commença d'éclaiter dans mon appartement,

L

Dedans vn Cabinet, ou j'eſtois renfermée
J'apperceus tout à coup vne eſpaiſſe fumée,
Et ſurpriſe des cris qu'on me faiſoit ouïr
La fumée augmentant me fit éuanouïr;
Et ſi Lothaire enfin m'eut lors abandonnée,
La flamme eur acheué ma triſte deſtinée:
Iuge auant qu'il ait pû juſqu'icy m'enleuer
Quels horribles perils il aura ſceu brauer.

DIANE.

Si mon ſ.nce deſſein deuoit eſtre infaillible.

LOTHAIRE.

Pour vn homme amoureux il n'eſt rien d'impoſſible.

AVRORE.

Ie vous conjuré encore en ce preſſant beſoin,
D'empeſcher que le feu ne s'eſtende plus loin,
Ioignez à mon ſalut la ſeureté publique.

LOTHAIRE.

Lors que vous commandez, j'obeïs ſans replique.

AVRORE.

Ma perte eſtoit certaine en vn ſi grand danger
Si j'auois attendu le ſecours de Roger;

Et peut-eſtre en lieu ſeur d'vne ame indifferente
Il ſonge qu'apreſent je ſuis morte ou mourante.

SCENE V.

ROGER, ELVIRE, GVSMAN,
AVRORE, DIANE.

ROGER.

Vous viuez, ma Princeſſe, & les Cieux contentez
Ont donc en cét inſtant tous mes veux exaucez,
Se peut-il que viuante encor je vous reuoye,
J'allois mourir d'ennuy, je vay mourir de joye.

AVRORE.

Ie vis encor, Roger, mais ſçauez-vous comment
J'euite la fureur de cét embraſement.

ROGER.

C'eſt de moy ſeulement que vous pourrez l'apprendre

AVRORE.

Voſtre aduis me ſurprend.

Z

ROGER.

           Il doit bien vous surprendre,
Le feu comme vainqueur dans le Palais logé,
Dans vostre appartement auoit tout rauagé,
Les plus riches lambris par cent gueules beantes
Vomissoient vers le Ciel des flames petillantes,
Lors qu'estant accouru pour vous en degager,
Mon desir fut accreu par l'horreur du danger,
Malgré l'obscurité d'vne espaisse fumée,
Et le mortel effroy de la flame allumée.
Sans en estre estonné que pour vous seulement
Ie me suis fait passage dans vostre appartement.

AVRORE.

Où m'ayant aussi-tost trouuée euanouïe,
Et surpassant du feu la vitesse inouïe,
Vos bras de ce fardeau s'estant voulu charger
M'ont conduite en ces lieux esloignez du danger.

ROGER.

Il n'est rien de plus vray.

AVRORE.

           Vostre audace me fasche,
Il n'est rien de si faux qu'vn mensonge si lasche.

ROGER.

D'où vous naist ce couroux ?

AVRORE.

              Vous feignez assez bien
A faire le surpris vous ne gagnerez rien.

ROGER.

Doutez-vous ?

AVRORE.

Non, je sçay que je serois sans vie
Si j'auois attendu que vous m'eussiez suiuie.

ROGER.

Quoy vous pourriez penser

AVRORE.

              Que vous m'estimez peu
Que vous aimez la vie, & craignez bien le feu ?
Que Lothaire est celuy qui m'en a preseruée

ROGER.

Lothaire dites vous ?

AVRORE.

Ouy, luy seul m'a sauuée
Lors que si laschement vous me laissiez perir,
Et sans vous émouuoir, & sans me secourir;
Luy qui n'est qu'estranger, & de qui la naissance
Ne l'interressoit point à prendre ma defence,
Qui sans paroistre ingrat, lasche, & mauuais parent,
Pouuoit voir mon trespas d'vn œil indifferent;
Luy seul brauant l'horreur d'vne mort asseurée
M'a genereusement des flames retirée:
L'estime que j'en fais semble vous irriter,
Puis qu'il brauant les flames il est à redouter.

ROGER.

Quoy que pour vous sauuer mon courage ait pû faire
Vous ne me deuez rien.

AVRORE.

Je dois tout à Lothaire,
Je le reconnoy seul pour mon liberateur,
Vous pour mauuais parent, & pour lasche impolteur.

ROGER.

Est-ce luy qui le dit ?

AVRORE.

Mon Roger c'est moy-mesme,

ROGER.

Ie me tay, car pour vous mon respect est extreme;
A d'eternels mespris ie me sens destiné,
Roger est trop heureux, moy trop infortuné.

GVSMAN.

Quoy, Seigneur, vous soufrez ce qu'on dit de Lothaire!

ROGER.

La Princesse le dit, c'est à moy de me taire.

GVSMAN.

La Princesse le dit, mais la Princesse ment.

Ie ne veux plus icy faire de la discret,
Enfin Lothaire a sceu vous...
C'est vostre sentiment, mais qui l'a veu Madame?

AVRORE.

Mes yeux sont les tesmoins de ce que ie luy voy,

ROGER.

Des tesmoins si brillans sont des Iuges pour moy,

Pour eſtre reculez, ils ont trop de lumiere,
Je leur immoleray ma gloire toute entiere ;
Je veux meſme oublier mon ſeruice rendu,
Et ſouffrir que Lothaire ait l'honneur qui m'eſt deu;
Un ſi cruel meſpris ne peut m'oſter l'enuie
De perdre encor pour vous & mon ſang & ma vie.

AVRORE.

Son reſpect m'attendrit, que ne peut-il prouuer
Que je ſuis abuſée, & qu'il m'a pû ſauuer.

SCENE VI.

LAZARILLE, AVRORE, ROGER, GVSMAN, DIANE, ELVIRE.

LAZARILLE.

VOſtre Alteße ſçaura que l'ennemy s'auance,
Que le feu du Palais rend les murs ſans defence,
Et que pour profiter de ce trouble fatal
Stelle vient vous donner vn aſſaut general.

AVRORE

AVRORE.

Je luy feray connoiſtre en Princeſſe outragée,
Que ſi je doy perir, je doy perir vangée.

DIANE.

Auant toute autre choſe il ſeroit à propos
Que voſtre Alteſſe prit vn moment de repos,

AVRORE.

Non je veux donner l'ordre, & combatre en perſonne,
Mon repos eſt moins cher que n'eſt vne Couronne.

ROGER.

Madame en ce combat ma valeur fera foy,
Qui ſçait mieux vous ſeruir de Lothaire ou de moy,
Malgré voſtre rigueur & malgré voſtre haine
Je vous ſuiuray par tout.

AVRORE.

N'en prenez pas la peine
Dans cette occaſion vous me ſeruirez peu
Si vous craignez le fer de meſme que le feu,

M

SCENE VII.

DIANE, ROGER, GVSMAN.

DIANE.

Mon frere deſormais oſerez- vous paroiſtre ?
Mais voi-je encor mon frere, & puis-je le con-
(noiſtre ?

ROGER.

Aupres de la Princeſſe vn Riual me deſtruit,
Et quand je l'ay ſauuée, il en reçoit le fruit.

DIANE.

Oſez vous ſouſtenir encor voſtre impoſture ?
De cette indignité ma tendreſſe murmure.
Auez vous fait deſſein de tromper vne ſœur,
Pour mieux tromper Aurore & regaguer ſon cœur ?

ROGER.

C'eſt porter juſqu'au bout ma honte & mon martyre.

DIANE.

En luy parlant de vous, que luy pourray-je dire?
Quand je luy vanteray vos seruices passez?
Ceux de vostre Riual les auront effacez :
Et quand je luy diray, fauorisez mon frere,
Elle me respondra, je doy tout à Lothaire.
Ie voy que vostre esprit commence à s'irriter;
Mais apprenez enfin que je ne puis flater.

ROGER.

Lors que chacun m'outrage & me fait injustice
Ma sœur veut-elle encor agrauer mon suplice ?

DIANE.

Ha ! vous deuiez agir en veritable Amant,
Vous jetter dans la flame auec empressement,
Et par ce noble effort d'amour & de courage,
Oster à vos Riuaux ce nouuel auantage;
Le danger estoit grand, mais mon frere en effet
Vous pouuiez acheuer ce que Lothaire a fait.
Vne ame par l'amour aux feux accoustumée
Pouuoit moins s'estonner de la flame allumée.
Adieu.

M ij

SCENE VIII.
ROGER, GVSMAN.

ROGER.

Fvt-il jamais Amant plus malheureux?
Eſprouua-ton jamais vn ſort plus rigoureux?
A-ton jamais receu de plus viues atteintes?
Et pouſſa-ton jamais plus juſtement des plaintes?

GVSMAN.

Vid-on jamais Princeſſe en vn pareil effet
De plus ſotte façon reconnoiſtre vn bien-fait?
Vid-on jamais Amant plus heureux que Lothaire
Entre tous les Amans que le Soleil éclaire?
Iamais Maiſtre fut-il mieux chauffé que le mien?
Iamais Valet fut-il moins content que le ſien,
Qui du matin au ſoir, quand la douleur le tuë
De ces plaintes d'Amour a la teſte rompuë?

ROGER.

Par quel Arreſt des Dieux & quel Deſtin fatal
De faire rien de grand, qu'en faueur d'vn Riual,

Lors que je sauue Aurore on dit que c'est Lothaire.

GVSMAN.

La Princesse le dit, c'est à vous de vous taire.

ROGER.

Pour vaincre mon Destin, où le pouuoir flechir
Que faire ?

GVSMAN.

        Aller au bain, & vous y rafraischir.

ROGER.

Dans vn tel embaras quel chemin doi-je suiure ?

GVSMAN.

Le chemin du logis.

ROGER.

               Lothaire la deliure,
Le croit-elle ?

GVSMAN.

        Elle croit que vous l'estimez peu.
Que vous aimez la vie & craignez bien le feu,

ROGER.

Doi-je encor luy parler, que faut-il que j'espere?

GVSMAN.

Qu'elle vous respondra, je doy tout à Lothaire,
Je le reconnoy seul pour mon liberateur,
Vous pour mauuais parent & pour lasche imposteur.

ROGER.

Parle-tu bien ainsi sans craindre ma colere?

GVSMAN.

La Princesse l'a dit, c'est à vous de vous taire.

ROGER.

La Princesse l'a dit, ah je m'en ressouuiens,
Dessus ses sentimens je doy regler les miens:
Contre vn Arrest qui vient d'vne bouche si belle
La plainte la plus juste est toûjours criminelle:
Mais l'assaut se prepare & nous deuons songer
Que la Princesse y doit courir quelque danger:
Allons suiure ses pas, & couré sa Fortune,
Allons perdre pour elle vne vie importune,
Et ne nous plaignons point du Sort injurieux,
S'il me permet au moins de mourir à ses yeux.

Fin du quatriesme Acte.

ACTE V.

SCENE PREMIERE.

ELVIE, AVRORE dans le Palais.

ELVIRE.

DIEVX! se peut-il encor que vostre Atesse viue?

AVRORE.

Sans vn vaillant Guerrier j'estois morte ou captiue,
Le peril est si grand que je viens d'euiter,
Que le recit tout seul te doit épouuanter :
Desja de l'Ennemy les Troupes auancées
Auoient de nos Dehors les defenses forcées,
Et desja par mes soins nos gens de toutes parts
Defendoient la Muraille, & bordoient les Remparts
Alors que pour lasser ou vaincre ma disgrace
Auec mille Cheuaux je sortis de la Place.

La Nuict regnoit encor, & l'ennemy d'abord
Creut que nostre Party sans doute estoit plus fort,
Et cessant d'attaquer afin de se defendre
Il se trouua surpris lors qu'il pensoit surprendre ;
Enfin les Assaillans en ce puissant effroy
Laissoient la Place libre & fuyoient deuant moy,
Quand le Iour. rallumant ses lumieres esteintes
Leur fit voir ma foiblesse, & dissipa leurs craintes.
Ce fut dans ce moment que ma superbe Sœur
Reuint fondre sur nous auec tant de fureur,
Qu'apres cent vains efforts, je me trouuay reduite
A ne plus esperer de salut qu'en ma fuite :
Mais mon cheual sous moy blessé mortellement
En tombant m'engagea dans son trebuchement ;
Et sans vn grand Heros, dont la valeur m'estonne,
Cette cheute attiroit celle de ma Couronne,
Il fit plus d'vn miracle afin de me sauuer,
Seul faisant teste à tous il vint me releuer,
Et de sa qualité refusant de m'instruire,
Il sortit de la ville ayant sceu m'y conduire.

ELVIRE.

Quoy ce liberateur ne vous est pas connu ?

AVRORE.

J'ignore de quel bras mon salut est venu,

Ma

Ma Bague qu'il receut apres m'auoir fauuée,
Auec vne Effe double en fon Efcu grauée,
Seront les feuls tefmoins à qui j'auray recours,
Pour connoiftre la Main qui prolonge mes jours :
Mais qu'eftce que tu tiens ?

ELVIRE.

C'eft vne Mignature
Dont la flame a femblé refpecter la peinture :
Ce Portrait eft de vous & je l'ay ramaffé
Dans voftre Cabinet où vous l'auez laiffé.

AVRORE.

Que vois-je Eluire, ô Ciel ?

ELVIRE.

Vous voyez tous vos charmes :
Mais qui pourroit caufer vos fouspirs & vos larmes ?

AVRORE.

Ce n'eft pas fans fujet que je verfe des pleurs,
Ces traits dans mon efprit retracent mes malheurs,
Cette Boette à Madrid dans ma feiziefme année
Au Prince d'Arragon de ma part fut donnée,
Et je ne comprens pas quel accident fecret
A peu faire en ces lieux rencontrer ce portrait.

N

Mais l'estat où je suis à d'autres soins m'oblige,
Le peril se redouble alors qu'on le neglige,
Sans doute que ma cheute aura jetté l'effroy
Dans le cœur des Soldats qui combattent pour moy,
Et possible desjà que quelqu'vn me vient dire
Que Barcelonne est prise, & que mon regne expire.

SCENE II.

DIANE, AVRORE, STELLE, ELVIRE.

DIANE.

Voicy Stelle, Madame, & mon frere a l'honneur
D'auoir causé sa prise & fait vostre bon-heur,
Agréez ce seruice, & souffrez que j'espere
Qu'il puisse en sa faueur calmer vostre colere.

AVRORE.

Tout criminel qu'il est, vn si rare present
Pour obtenir sa grace est plus que suffisant ;
Il faut vous consoler, ma Sœur vous deuez croire
Que ie sçay mieux que vous vser de la Victoire ;

La Fortune vous braue, & i'ay moins de rigueur,
Elle est vostre Ennemie, & ie suis vostre Sœur:
Le Sort trahit souuent la plus belle Esperance,
Et n'a rien d'asseuré que sa seule inconstance;
Mais ma Tendresse encor sçaura vous obliger,
Vostre Fortune change, & ie ne puis changer.

STELLE.

C'est le plus grand des maux que i'ay pû iamais craindre
Que de voir mon malheur vous forcer à me plaindre;
Ne vous contraignez pas, ie ne souhaite rien
D'vne main ennemie, & qui vole mon bien:
Et si mon infortune estoit moins incertaine
Mon desespoir desja vous eust tiré de peine.
Mais vous deuez sçauoir pour vous combler d'effroy
Que le Comte d'Vrgel combat encor pour moy,
Et que quelque pouuoir icy qui me retienne
Vostre captiuité suiura de prés la mienne:
Sçachez qu'au moindre bruit que fera mon malheur
Son desespoir encor accroistra sa valeur,
Et qu'il viendra bien-tost, en forçant Barcelonne,
Vous ietter dans les fers & m'éleuer au Trosne.
Mais vous n'en doutez pas, & la feinte pitié,
Qui cache la grandeur de vostre inimitié
N'est qu'vn moyen adroit pour obtenir ma grace
Alors que ma fortune aura changé de face,

N ij

Et lors que vous trouuant reduite sous ma loy.
Vostre sort n'aura plus d'autre arbitre que moy.

SCENE III.

LAZARILLE, LE COMTE, AVRORE, STELLE, DIANE, ELVIRE.

LAZARILLE.

LE Comte est pris, Madame,

STELLE.

Ah tout mon espoir cesse!

LAZARILLE.

Et Lothaire vainqueur l'enuoye à vostre Altesse.

LE COMTE.

Ma Princesse ie viens partager vos douleurs,
J'ay combattu long temps pour vaincre vos malheurs:
Mais de vostre accident la nouuelle semée
A fait lascher le pied à toute vostre Armée,

Et vous pouuez penser qu'il m'est beaucoup plus doux
D'estre icy prisonnier, que libre loin de vous.

AVRORE.

Ma Sœur vostre esperance enfin se treuue esteinte,
Et vous allez sçauoir si ma tendresse est feinte ;
Le Comte ainsi que vous est reduit sous ma loy,
Et vostre sort n'a plus d'autre arbitre que moy :
Mais ie me seruiray de ce bon-heur insigne,
Pour faire seulement sçauoir que ie suis digne :
Je doy vous releuer quand le sort vous abat,
Et n'offriray pas moins que deuant le combat :
Je vous cede, ma sœur, la moitié de l'Empire,
Mais aux conditions que ie vay vous prescrire.

STELLE.

Quand on veut faire grace en cette occasion,
On la fait toute entiere & sans condition.

AVRORE.

Qui veut la meriter en mesme conjoncture
Doit monstrer moins d'orgueil & ceder sans murmure ;
Ce que ie veux est iuste.

STELLE.

Et que pretendez vous.

N iij

AVRORE.

Ie pretends vous donner le Comte pour espoux:
C'est la condition où vous serez forcée.
La constance doit estre enfin récompensée.

LE COMTE.

C'est me combler de gloire & me vaincre deux fois.

STELLE.

I'obeïray sans peine à de si douces loix.

AVRORE.

Allons à nos subjets apprende ces nouuelles,
Allons faire cesser leurs soins pour nos querelles,
Et faisons publier que suiuant mes souhaits
Nostre Dissention a fait place à la Paix.

LAZARILLE seul.

Retournons au combat pour rejoindre mon Maistre,
Mais il est de retour, & ie le voy paroistre.

SCENE IV.
LOTHAIRE LAZARILLE.

LOTHAIRE.

As tu veu la Princesse?

LAZARILLE.

Auec fidelité,
De vos ordres, Seigneur, je me suis acquitté;
Vous pouuez tout pretendre.

LOTHAIRE.

Oüy, mais cet avantage
Me vient de la Fortune, & non de mon Courage.

STELLE.

Le Merite aujourdhuy vaut moins que le Bon-heur,
Quäd on acquiert vn Sceptre, on acquiert de l'Hôneur;
Rendez vous sans remords Comte de Barcelonne,
Tous les chemins sont beaux quand ils meinent au
    Trosne.

LOTHAIRE.

Voyons Aurore, allons.

LAZARILLE.

Ne vous preßez pas tant,
Et receuez, Seigneur, vn auis important:
I'ay sçeu qu'vn Inconnu que le Ciel fauorise,
Qui porte en son Escu deux Eßes pour Deuise,
Apres auoir sauué la Princesse & l'Estat,
Est sans se descouurir rentré dans le combat,
Et par vne auanture estrange & fauorable
En passant i'ay trouué cét Escu remarquable,
Et ie ne doute point que si vous le portez,
Les faits de l'Inconnu vous seront imputez.

LOTHAIRE.

I'admire ton esprit.

LAZARILLE.

La chose est fort certaine,

LOTHAIRE.

Un autre euenement me met beaucoup en peine:
Tu rentrois dans la ville auec le Comte pris
Quand l'Ennemy fit ferme auecque de grands cris,
　　　　　　　　　　　　　　　　　　　　Et

Et pour sauuer ce Prince auecque violence,
Mit encore vne fois la victoire en balance:
Ce fut lors que Fernand, vn parent de Roger,
Receut vn coup de trait qui le mit en danger;
Et du sang qu'il perdoit pour arrester la course
Roger prit son mouchoir, & fit choir cette bourse,
A l'instant par bon-heur marchant dessus ses pas,
Ie la vis amasser par vn dé nos Soldats;
Et quand les ennemis sans ordre & sans conduite
Eurent esté contraints de prendre enfin la fuite
Ie le fis appeller, & sceus adroitement
Que la Bourse enfermoit vn riche Diamant :
Ie me le fis monstrer, & plus surprise encore
Ie reconnus d'abord le Diamant d'Aurore :
Et connoissant mon nom, le Soldat m'a permis
D'emporter ce butin pour mille Escus promis :
Iuge si l'Avanture a lieu de me surprendre.

LAZARILLE.

Elle cache vn secret que ie ne puis comprendre.

LOTHAIRE.

Ie le pourray sçauoir de Roger que voicy :
Cherche le Bouclier & me rejoints icy.

Q

SCENE VIII.

LOTHAIRE, ROGER, GVSMAN.

GVSMAN.

ENcor que voſtre eſcu ſoit tombé dans la preſſe
Cét autre vous fera connoiſtre à la Princeſſe.

ROGER.

Ie porte ſon anneau qui fera tout ſçauoir.

GVSMAN.

Qui peut donc vous plonger dans vn chagrin ſi noir?

ROGER.

La perte du portrait de la diuine Aurore.

GVSMAN.

Où l'auriez vous perdu?

ROGER.

Moy meſme ie l'ignore,

Par quelque effort sans doute il m'est tombé du bras:
Mais d'où vient que Lothaire adresse icy ses pas ?

LOTHAIRE.

Je croy que la Princesse attend de vos nouuelles,

ROGER.

Je luy feray tantost des recits bien fidelles.

LOTHAIRE

De mes combats.

ROGER.

Sans doute.

LOTHAIRE.

Ils ont eu de l'effet.

ROGER

Ils pourront effacer ce que vous auez fait.

LOTHAIRE

De vos exploicts pourtant elle fait peu de conte.

ROGER

Cependant j'ay pris Stelle.

O ij

LOTHAIRE.

Et moy i'ay pris le Comte.

ROGER.

Aurore maintenant me doit tout son Bon-heur.

LOTHAIRE.

La prise d'vne Femme apporte peu d'Honneur.

ROGER.

Du moins celle du Comte est vn moindre avantage.

LOTHAIRE.

L'avantage est égal, mais non pas le Courage,
D'vne extreme valeur c'est vn effort dernier
Que d'auoir arresté ce Heros prisonnier.

ROGER

Quoy que vous me disiez, ie consens à vous croire,
Ie n'eus iamais besoin d'emprunter de la Gloire;
Ie renonce à la vostre, & i'espere aujourdhuy
Que vous ne voudrez plus voler celle d'autruy.

LOTHAIRE

Ce que vous auez fait de plus considerable

O

Au moindre de mes coups n'a rien de comparable:
Je tiens tous vos exploicts indignes de mon bras,
Et veux bien volontiers ne les auoüer pas:
Sçachez que sans mes soins & ma rare conduite
Barcelonne estoit prise, Aurore estoit destruite,
Et vous & vos parens estiez tous égorgez,
Si mon bras du peril ne vous eust dégagez.

ROGER.

Toutes vos Actions n'ont rien que d'ordinaire,
Et sont fort au dessous de ce qu'on m'a veu faire.

LOTHAIRE.

Parlez auec respect de vostre General.

ROGER.

Il faudroit m'abaisser pour estre vostre égal.

LOTHAIRE

J'ay sauué cét Estat par ma valeur extreme.

ROGER.

Moy j'ay sauué la vie à la Princesse mesme.

LOTHAIRE.

Vous ?

ROGER.

Oüy de son salut j'ay droit de me vanter

LOTHAIRE.

Mais ne craignez vous point qu'elle en puisse douter?

ROGER.

La Bague que je garde, & que j'ay receu d'elle
D'vn seruice si rare est le témoin fidelle.

LOTHAIRE.

Quoy, vous auez sa Bague?

ROGER.

                Elle est en mon pouuoir,
Et je l'attens icy pour la luy faire voir:
Ce discours vous surprend.

LOTHAIRE.

              Oüy, mais ie conjecture
Qu'il pourroit bien encor passer pour imposture.

ROGER.

Malgré vostre artifice & tout vostre Bon-heur
D'vn seruice si grand j'auray seul tout l'Honneur,

Si toſt qu'aux yeux d'Aurore on me verra paroiſtre
Pour ſon Liberateur je me feray connoiſtre,
Et l'Anneau que je porte a de vives clartez,
Qui pourront mettre au jour toutes vos laſchetez.

LOTHAIRE.

De quoy m'accuſez vous ? l'Ame la moins commune
Peut faire ſon profit des coups de la Fortune,
I'ay receu quelque honneur qu'elle a ſceu vous rauir,
Mais devois-je me nuire afin de vous ſeruir.

ROGER.

Ce ſont de laſches traits d'vn cœur comme le voſtre
Que d'accepter le prix des ſeruices d'vn autre ;
Aurore a iuſques icy retenu mon couroux.
I'ay craint de l'affoiblir en perdant l'vn de nous :
Mais ſçachez maintenant que la Guerre eſt finie,
Que voſtre audace enfin ſera bien-toſt punie.

LOTHAIRE.

Quoy pour me menacer vous eſtes aſſez vain ?
Ie vous ſatisferay les armes à la main.
Alors que la Princeſſe aux yeux de la Prouince
En me donnant la foy, m'aura fait voſtre Prince,

Et qu'elle aura comblé mes souhaits les plus doux,
Ie vous feray l'Honneur de me battre auec vous.

ROGER.

Lasche, ta mort de prés suiuroit ton insolence
Si je ne respectois Aurore qui s'avance.

SCENE VI.

AVRORE, LOTHAIRE, ROGER,
STELLE, DIANE, LE COMTE.

AVRORE.

E Nfin tout est tranquille, & nos subjets vnis
Auec nos differens trouuent leurs maux finis;
Et mon propre interest maintenant me conuie
A chercher le Heros, à qui je dois la vie.
Mais quoy l'Escu fameux que Roger me fait voir
M'enseigne pleinement ce que je veux sçauoir,

Et

Et la deuise Illustre en ces Armes grauée,
Me fait cognoistre en luy le Bras qui ma sauuée.

LOTHAIRE.

Madame, s'il vous plaist, de destourner les yeux,
Ce Bouclier encor vous en instruira mieux.

ROGER.

A croire vn imposteur soyez plus reseruée,
Ie portois cet escu quand ie vous ay sauuée!

AVRORE.

O Ciel, qui de vous deux pretend me deceuoir!

LOTHAIRE.

Vous voyez que l'escu se trouue en mon pouuoir.

ROGER.

Oüy: mais pour le Combat se treuuant inutille,
Ie l'ay laissé par terre assez loing de la Ville,
Et c'est injustement qu'il se l'est imputé!

LOTHAIRE.

O Dieux quelle impudence & quelle fausseté!

P

AVRORE.

Auant que d'en iuger pour n'eſtre pas ſurpriſe,
Que chacun de vous deux explique la deuiſe.

LOTHAIRE.

Ceite deuiſe aprend que pour ſe rendre heureux,
Vn Courtiſan doit eſtre, & ſubtil & ſoigneux.

ROGER.

Ces Eſſes font ſçauoir qu'vn Amant qui veut plaire,
Doit eſtre egallement & ſouſmis & ſincere.

STELLE.

Roger l'explique mieux incomparablement.

AVRORE.

Enfin s'il m'a ſauuée, il a mon Diamant.

LOTHAIRE, montrant le Diamant.

Sur cette queſtion il va fort mal reſpondre,
Ce teſmoin eſclattant ſuffit pour le confondre!

ROGER.

Ah! c'eſt vne impoſture, & ie puis l'auerer.
I'ay le vray Diamant que ie vay vous monſtrer.

GVSMAN.

Cherchez dans l'autre poche.

ROGER.

Il faut qu'il s'y rencontre.

GVSMAN.

Tirez.

ROGER.

C'est mon mouchoir.

GVSMAN.

Le voicy.

ROGER.

C'est ma monstre.

GVSMAN.

Quelque auare Demon l'aura donc emporté.

LOTHAIRE.

Il est confus, iugez de ma sincerité!

ROGER.

O Destin trop cruel!

AVRORE.

O Ciel quelle iniuſtice
Empeſche que Roger me rende aucun ſeruice!

DIANE.

Si j'oſois vous parler.

AVRORE.

Vous parleriez en Sœur,
Laiſſez moy rendre graces à mon Liberateur.

SCENE VII.

ET DERNIERE.

CARLOS, LOTHAIRE, AVRORE, ROGER, STELLE, LE COMTE, GVSMAN, LAZARILLE, ELVIRE, DIANE.

CARLOS A LOTHAIRE, à part.

Monſeigneur, s'il vous plaiſt, excuſez la franchiſe:
Ie n'attends pour partir que la ſomme promiſe.

AVRORE.

Que vous veut ce Soldat?

LOTHAIRE.

C'est vn extrauagant.

CARLOS.

On extrauague donc, quand on parle d'Argent.

LAZARILLE.

Attendez.

CARLOS.

A quoy bon tant de ceremonie,
Ay-je affaire en ces lieux où la guerre est finie?

LOTHAIRE.

Sortez.

CARLOS.

Pour vn Seigneur vous poussez lourdement:
Il me faut mille escus ou bien mon Diamant.

AVRORE.

Quel Diamant, Qu'enten-je?

LOTHAIRE.

Ha! ma peine est extresme!

P iij

CARLOS.

Celuy que vous tenez.

AVRORE.

Quoy cet anneau?

CARLOS.

Luy-mefme.

LOTHAIRE.

N'acheue pas.

CARLOS.

Pourquoy, ie dis la verité;
C'eft de moy que tantoft vous l'auez achepté.

LOTHAIRE.

Parle mieux.

CARLOS.

A mentir me voulez-vous contraindre?

LOTHAIRE.

Si...

CARLOS.

Quoy vous menacez ?

AVRORE.

Acheue fans rien craindre.

CARLOS.

Comme il roüille les yeux ! chacun me l'a bien dit ,
Qu'on ne doit point aux grands donner rien à credit.
Vn homme bien Armé dont i'eſtois aſſez proche ,
En tirant ſon mouchoir, l'a fait choir de ſa poche.

AVRORE.

Quel homme eſtoit-ce encor ?

CARLOS.

Ie ne ſçay qu'en iuger ,
Vn de ſes gens m'a dit qu'on l'appelle Roger :
Mais il faudroit parler de me payer ma ſomme.

AVRORE.

Eluire prenez ſoin de contenter cet Homme.

LE COMTE.

On ne peut ſoupçonner ce teſmoin ingenu.

STELLE.

Voſtre vray defenſeur ceſſe d'eſtre inconnu.

AVRORE.

Ouy Roger, ie vous dois ma vie & ma Victoire,
Perdez de mes rebuts la honteuſe memoire :
Par de iuſtes faueurs dignes de voſtre prix,
Je pretens reparer ces iniuſtes meſpris.

LOTHAIRE.

O ſort ! j'aprens icy quelle eſt ton inconſtance.

AVRORE.

Receuez de ma main cet Eſcrin par auance.

ROGER.

L'honneur de vous ſeruir me rend trop ſatisfait,
Ie ne doy pas reprendre vn preſent que i'ay fait.

AVRORE.

Ce Cofret toutesfois m'eſt venu de Lothaire.

LOTHAIRE.

Il veut faire vn preſent qui ne luy couſte guere.
ROGER.

ROGER.

Il vous pourroit couster plus que vous ne pensez;
Vostre orgueil doit finir mes malheurs sont passez.

AVRORE.

Roger, en sa faueur i'ay des marques secrettes
Je ne puis démentir ses Vers & ses Tablettes.

ROGER.

Ces Témoins sont pour moy, Madame, il est certain
Que ces Vers rencontrez sont escrits de ma main;

STELLE.

De Lothaire en ce cas confrontez l'écriture,

DIANE.

Dans sa confusion l'on void son imposture.

LOTHAIRE.

O! Du cruel Destin reuers trop rigoureux!

AVRORE.

Que ce succez, Diane, est conforme à mes vœux;
Lothaire cependant, m'a sauué de la flame:
Cette obligation touchoit beaucoup mon ame;

Q

Que pounoit-il pretendre en voulant m'abuser?

LOTHAIRE.

Ie suis Amant, Madame, & l'on doit m'excuser.

AVRORE luy donnant son Portrait.

Sans doute le seruice est plus grand que l'offense,
Iugez par ce present de ma reconnoissance.

ROGER.

Ce portrait est à moy, Madame assurement.

AVROREà Lothaire.

Seroit-il point à vous?

LOTHAIRE.

Nullement, nullement.

ROGER.

Le Prince d'Aragon me l'a donné luy-mesme.

DIANE.

N'en doutez point, Madame,

AVRORE.

Ah! ma joye est extréme.

ROGER.

En vous sauuant des feux je l'auray laissé choir,
Et ces rubans bruslez, vous le font assez voir.

AVROR.

Il suffit, il suffit, Heros incomparable,
Je voy trop à quel poinct je vous suis redeuable,
Aprés ces grands effets d'Amour & de Valeur,
Ie ne vous dois pas moins que mon Sceptre & mon
    Cœur.

STELLE.

Il est juste ma Sœur qu'vn heureux Hymenée,
Ioigne à jamais son sort à vostre Destinée.

AVRORE.

Aprés ce que pour moy son Courage a tenté,
Ie confesse estre vn prix qu'il a trop merité.

ROGER.

Dans l'excez de ma joye excusez mon silence.

AVRORE.

Ie m'offre auec plaisir pour vostre recompense.

LOTHAIRE.

Quoy, Madame à mes yeux....

AVRORE.

Quoy vous en murmurez,
Vous m'obligerez, fort si vous vous retirez,
Allez porter ailleurs vos lasches artifices.

LOTHAIRE en se retirant.

Fortune qui me perds! Voicy de tes caprices.

AVRORE.

Allons tous dans le Temple, en ce Jour bien-heureux
De cét Hymen celebre acheuer les deux nœuds;
Et benir hautement, & d'une voix commune,
Et LES COVPS DE L'AMOVR ET CEVX DE LA
FORTVNE.

Fin du cinquiéme & dernier Acte.

www.ingramcontent.com/pod-product-compliance
Lightning Source LLC
Chambersburg PA
CBHW071811090426
42737CB00012B/2035